スッポンの河さん
伝説のスカウト河西俊雄

澤宮　優

集英社文庫

目次

第4章　掘り出し物を次々と獲得　91

スッポンの河さん　伝説のスカウト河西俊雄

河西俊雄

プロローグ

スカウトという言葉は〈偵察〉を意味する。プロ野球で言うスカウトを著者なりに定義すれば、野球技術の優秀な若者を探し出し、彼らの行動を〈偵察〉し、報告すること。これを仕事として球団に雇われている者という意味になるだろう。

平成七年十一月二十九日だった。大阪近鉄バファローズのチーフスカウトを務める河西俊雄は、ドラフト会議で一位指名したPL学園の福留孝介内野手（現阪神タイガース）の交渉のため鹿児島市に来ていた。彼は七球団の競合の末に、近鉄が交渉権を獲得した、嘱望されるスター選手だった。

福留は三年生の選抜大会でバックスクリーンへスリーラン本塁打を打ち、観客の度肝を抜くと、夏の大阪府予選では8試合で7本の本塁打を放ち、清原和博（元西武、巨人など）の持つ5本の記録を軽く抜いた。夏の甲子園大会でも初戦の北海道工戦で、2打席連続本塁打を放った。プロのスカウトの評価は「十年に一人の逸材」。走攻守すべてに一流のつく高校生は、プロ野球チームにとって垂涎《すいぜん》の的だった。

だが福留は早くから「巨人、中日以外の指名なら、社会人野球の日本生命に行きたい」と希望を表明していた。かといってプロ野球チームは、手をこまねいて見ているわけにはゆかない。将来のスター選手を獲得しようと、中日ドラゴンズ、日本ハムファイターズ、読売ジャイアンツ、千葉ロッテマリーンズ、オリックスブルーウェーブ、ヤクルトスワローズ、そして近鉄の七球団が果敢にも指名に踏み切ったのだった。

これもまた昭和六十年の清原の指名のときの六球団を上回る数だった。このとき抽選のくじ引きに参加した近鉄の佐々木恭介監督（当時）は、交渉権獲得の当たりクジを引いたとき、「ヨッシャー！」と会場に響き渡る雄叫《おたけ》びをあげた。佐々木はふんどしを身に着けての出陣だった。

このとき会場にいた近鉄チーフスカウトの河西俊雄は、「大変なことになったなあ」と心の中で呟《つぶや》いた。佐々木の満面の笑みに反して、これから難航する交渉を思えば、気は重かった。事前の調査で彼の希望を覆すことは困難であるとの情報を得ていたからである。

大正九年四月二十五日生まれの河西は、このとき七十五歳になっていた。高校野球の名門旧制明石《あかし》中学（現明石高校）を経て、戦前の明治大学の名外野手だった。当時はプロ野球よりも人気が高かったのが東京六大学野球である。戦後は南海ホークス（現福岡ソフトバンクホークス）の外野手として二番を打ち、三年連続で盗塁王に輝いた。その後、大阪タイガース（阪神）へ移籍し、現役引退後、阪神の二軍監督などの指導者を経て、昭和三十一年はコーチ、スカウト兼任、昭和三十三年から同球団のスカウトを務め、平成七年当時は近鉄のチーフスカウトの要職にあった。スカウト歴三十七年の球界屈指の名スカウトである。これまで手がけてきた選手は、阪神時代に遠井吾郎、安藤統夫《もとお》、藤田平、江夏豊、上田次朗、山本和行、中村勝広、掛布雅之、近鉄時代には大石大二郎、金村義明、小野和義、阿波野秀幸、野茂英雄、中村紀洋と限りがない。いずれもタイトルホルダーや球界を引っ張ってゆくスター選手になった者ばかりだ。入団を渋る難関選手たちを、粘りのある交渉で、悉《ことごと》く翻意させ、入団させてきた。その柔和で、人の心に訴えかける交渉術から「仏のカワさん」「落としのカワさん」または「人たらしのカワさん」と呼ばれてきた。あるいは喰《く》らいついたら放さないしぶとさから「スッポンの河西」とも。

　他球団のスカウトも河西のことを親しみをこめて「カワさん」と呼んで慕い、尊敬した。だが今回ばかりは、海千山千の河西の手にかかっても、福留の気持ちを変えることは困難だと直感した。他のスカウト陣からの情報でも「厳しいですよ。今回は見送ったほうがいいですよ」との意見を耳にしていた。近鉄スカウトの中にはＰＬ学園の中村順司監督（当時）に接触した者もいたが「彼は中日一本で、他球団には一二〇パーセント行かない。本人の意志が固すぎて無理ですよ」という返事をもらっていた。

どこからも明るい情報はなかった。

河西も球団には「(一位に)当たっても厳しいですよ」と伝えたが、球団の結論は「何とかなるなら福留で行きたい」だった。ドラフト会議前日の挨拶には、多数の球団が福留の許へ挨拶に訪れた。当日も競合は変わらず七球団だったから、まさか当たるまいと近鉄スカウト陣も思っていた。だが、佐々木の雄叫びのときに、その期待(?)は脆《もろ》くも消えた。

あるスカウトは今苦笑して言う。

「正直、あのときガクーンときた。大変なことになったわと思った」

河西は新聞記者にこう洩《も》らすのが精一杯だった。

「(交渉権獲得で)一つのハードルを越えたけど、まだ大きなハードルが残っているからな。小野、阿波野、野茂に次いでワシのとこには、難しい問題ばかりや。まあやりがいはありますがな」

彼はため息ともつかぬ大きな息を吐いた。だが、可能性がないからと言って、みすみす諦めるわけには行かない。過去、「巨人以外には行かない」という選手を口説き落として入団させた例もあるように、ここがスカウトの腕の見せ所なのである。

河西はスカウト人生を賭けて、福留獲得に乗り出す決心をしたのだった。

柔和な彼の目が、鋭い光を帯びた。彼の特徴である分厚い「へ」の字の形をした眉が、心なしか、上へ跳ねたように、きりりと引き締まった。持病のヘルニアの調子も芳しくない。十二月に予定していた手術も延期することを決めていた。

彼は後輩のスカウト堀井和人（後オリックスバファローズスカウト部長）に言った。

「堀井、腹くくるで」

堀井も強い語調で言った。

「カワさん、くくりましょう！」

堀井和人は、南海ホークス往年の名外野手堀井数男の息子である。彼も父と同じく南海の外野手だった。河西は、彼の父とはともに外野を守った間柄だ。よって河西は息子の和人を、彼が母親のお腹《なか》にいるときから知っている。ＰＬ学園人脈に強い堀井は、今回の交渉がきわめて難航することは誰よりもわかっていた。河西は、親友の息子とともに、難関の交渉に飛び出したのだった。

やはり交渉は予想通り難航した。ドラフト会議三日後の十一月二十五日、さっそく一回目の交渉が行われたが、福留の意志は固かった。大阪府のＰＬ教団内で、近鉄の筑間《ちくま》啓亘球団社長、佐々木監督、そして河西、堀井、坂東里視《さとみ》スカウトが勢ぞろいして、福留サイドと会った。佐々木は近鉄という球団、近鉄グループの説明と、チームの再建にはぜひとも福留の力が欲しいと訴えた。佐々木は何としても、と強気の姿勢を崩さなかったが、河西も堀井もうつむきながら会場を出てきた。

情熱で口説き落とそうとする佐々木と対照的に、河西は、表情を固くする福留に向かって、ゆっくりと呟いた。

「こっちもな、無理やり入口をこじ開けたんやから、せめて座敷までは上げてくれや。できるだけ時間が欲しいんや。この年寄りが入り込めるだけの間口だけは開けといてほしいんや」

このとき福留の目に、少し変化が起こった。

「なあ、ええやろ」

福留は彼の一心に見つめる目を見て、ゆっくりと口を開けた。

「はい」

ここで交渉は、次回も行われることになった。河西は、安堵《あんど》しながらも、周囲の大人たちが説得しても、自分の本心を明かさず、口を閉ざしたままの福留を見て「賢い子やな」とも思った。同時にその信念の強さに恐れの気持ちも持った。このとき福留サイドは、自らの進路希望は表明しなかった。

二回目の交渉は福留の故郷、鹿児島で行われることになった。おそらくこの日に福留サイドは、「日本生命入り」を近鉄に通告することになり、事実上最後の交渉になる可能性が高かった。

今度の交渉は河西、堀井の両スカウトに加え、福留と同じPL学園出身の球団職員加藤正樹広報担当が出席することになった。交渉前日の十一月二十八日に三人は鹿児島入りしたが、河西は食事も喉を通らず、手つかずの料理をそのまま引き上げさせた。明日は条件提示も行うが、それだけに断られることもありうる。

「こちらとしては誠心誠意尽くして、もう一度大阪で会ってもらえるように頭を下げるだけや」

ベテランスカウトが、どんな手腕で福留を口説きにかかるか、誰もが注目した。もっとも「仏の河西」にしては妙手もなく、正攻法であたるしかないと腹を決めていたが。辞表を懐に忍ばせての交渉だった。

二十九日のその日、河西はヘルニアの症状が悪化、ストレスで、昼食のスパゲティも半分ほどしか喉を通らなかった。何としても、この席で入団拒否の返事を出されたくない。粘り抜いて来月の大阪の交渉まで持ち越したい。そのためにはどうするか、どう考えても秘策は浮かばなかった。福留の実家は、鹿児島県の鹿屋《かのや》にあるという。そこは太平洋戦争で特攻隊が飛び立った哀《かな》しい思い出の地である。河西も特攻にこそ行かなかったが、戦争で九死に一生を得た男だった。そんな五十年前の感傷が脳裏を過《よぎ》った。

河西は、ここで強力な粘りを見せた。福留に会うなり、いきなり辛《つら》そうに嘆いてみせた。

「腰が痛《いと》うてのう。ワシは飛行機が苦手だけど、君に会いたい一心で乗ってきた」

このとき福留の父親も、つい彼の言葉に引き込まれてしまった。

「いや、じつは私も苦手でしてね」

ここで、凍りついた場が和やかになった。「仏の河西」の面目躍如である。

「福留君、君のおばあちゃんは年いくつや」

福留も「七十三歳です」と口を開いた。

「そうかワシのほうが二つ上やな」

会話は順調に弾んだ。この席で近鉄は契約金一億円、出来高払い五千万円、年俸千二百万円（いずれも推定）という高校生にしては破格の金額を提示した。

河西はこの席でも笑みを絶やさず、「な、もう一回ええやろ」と福留サイドに迫り、大阪での交渉を約束させることに成功した。彼の熱意に、福留の両親も、福留本人もきっぱり断ることを見送り、次回まで返事を留保することになった。

河西が、「な、気持ちは傾いたか」と話しかけると、福留も笑うしかなかった。

この日の交渉は一時間十五分かかったから、近鉄もかなりの粘りを見せたことになる。交渉も終わり、タクシーに乗りこむときだった。それまでしっかりと歩いていた河西が、気を失って倒れた。傍《そば》にいた福留の父親と、堀井が支えた。

このとき堀井は周囲に気づかれないように小声で話しかけた。

「カワさん三味線しまんがな。三味線上手《うま》いでんな」

河西は、歩いているうちに徐々に上体が斜めに傾いていた。そして堀井のほうに、ついに倒れたのである。それを堀井は、河西の間合いを捉えた絶妙の演技だと信じていた。堀井の腕に抱きとめられた彼は、苦しい息遣いで呟いた。

「違うわい。ほんまにしんどいんや」

交渉で笑みを絶やさなかった彼も、ついに精根尽き果てていたのである。堀井は改めて身を削りながら奮闘する彼の苦労を思った。このとき河西の目には鹿児島の濃い青空が広がっていた。その青空は彼の心境に照らせば残酷なほど澄みきっていた。

このとき近鉄のあるスカウトは「あのときは河西さんの姿を見ていられなかった」と呟いた。何とか、入団交渉は十二月初旬まで、継続することに成功した。頑《かたく》なな福留サイドも河西の粘りに折れた形になった。

だが、結論から言えば、近鉄サイドの必死の交渉もむなしく福留は初心を貫いて日本生命入りを決めた。さすがに河西も無理が祟《たた》ったのか、帰阪以来微熱が続き、腹部大動脈《だいどう》瘤《みゃくりゅう》を起こしていた。そのため翌年一月から五月まで手術などで入退院を余儀なくされた。

なお、福留は平成十年に逆指名で中日ドラゴンズに入団するが、ここで彼と河西は劇的な再会を果たすことになる。このエピソードには後で触れたい。

第1章　東京六大学のスター選手

渾名《あだな》は〝鉄砲玉〟

今日までのプロ野球界で、横綱級のベテランスカウトを挙げれば西の正横綱が河西で、東の正横綱が広島東洋カープの木庭《きにわ》教《さとし》だろう。木庭は昭和三十二年からスカウトをやっているから河西よりも一年先輩である。生まれは大正十五年だから、河西よりも六歳下である。だがプロ野球のスカウトといえば、何かにつけて二人は双璧として語られる。

ともにドラフト制度が始まる前の自由競争で選手を獲得できた時代からの生き残りである。スカウトが「人買い」とある種の皮肉をこめて呼ばれていた頃だった。

木庭が、資金も乏しい広島東洋カープで、衣笠《きぬがさ》祥雄《さちお》、池谷《いけがや》公二郎、高橋慶彦、大野豊、達川光男、長嶋清幸、川口和久、正田耕三など、広島の黄金時代を築いたスター選手を獲得したことはよく知られている。一方、河西の阪神、近鉄時代の実績は前述したとおりで、二人の腕はともに申し分ない。

木庭に言わせれば「阪神が弱くなったのは河西さんがいなくなってから、近鉄が強くなったのは河西さんが移ってから」という分析になるという。

だが二人はキャリアも行動も、じつは決定的に違うという。先の堀井和人は言う。

「木庭さんは、どっちかというと一匹狼《いっぴきおおかみ》やった。自分でスピードガン持って山奥でも行っていた。カワさんは部下や仲間と〝一緒に行こか〟〝連れて行ったろか〟というタイプやった。駅に一人で行っても、そこに地区の担当者がおって一緒に行っていた」

二人のキャリアで決定的に違うのは、河西が、明治大学時代から花形のスタープレーヤーだったのに対し、木庭はプロでの選手経験はない点である。だからと言って、木庭のスカウトとしての黄金の実績に微塵《みじん》も影響はないことを断っておきたい。ただこの違いはそれぞれの特徴を生かしたスカウティングに反映されているのではないかと思われる。

誠実を前面に出して、選手と交渉し、渋る選手をして「河西さんの誠意に負けました」と言わしめる人柄の良さは、少なくとも「人買い」と揶揄《やゆ》されたスカウトの蔑称とは程遠い。

一方ではこうも言える。たとえ高額な契約金が生じるにしても、選手がその球団に入るかどうかを決めるのは、担当スカウトの情熱であり、その人柄も大きな要素となるということだ。河西は、どこまでも人の気持ちに訴えかけるスカウトだった。

河西の故郷は、兵庫県姫路《ひめじ》市である。JRの姫路駅から北側に向かってゆくと、姫路城が見えてくる。その東側を通ってゆくと、問屋街が見えてくる。ここが京口町《きょうぐちまち》で、河西の実家はそこで木材の買い付け、製材、販売を行う会社を経営していた。

河西の生家は工場とは別に橋元町にあった。そこには、表に会社の事務所があり、その後ろに二階建ての二百坪の住まいが作られていた。表口から裏口まで通じた庭には灯籠が置かれ、松、樫《かし》などの幹の太い木に、小さな木が混じり、四季折々の花が咲いて、鮮やかだったという。

そんな裕福な家に生まれた彼には、二男四女の兄弟姉妹があった。河西は上から五番目の次男、幼いときから滅法足が速かった。渾名は〝鉄砲玉〟。弾丸が飛び出すように短距離走が速かったという。

五歳下の妹光子によれば「兄はへの字眉で、あのままの優しい人やわ。好きなように生きてきたけど、あかんたれやわ」ということになる。〝あかんたれ〟とは関西弁で〝気が弱くて泣きみそで、怖がり〟という意味である。光子の記憶に残るのはどこかユーモラスな兄の姿である。運動神経は抜群だが、あかんたれの兄を見ていると心配でならない。兄は、運動会でも足が速くて毎回優勝するのだが、スタートの鉄砲の音が怖くてたまらない。スタートの位置に着くときはいつも耳を両手で塞いでいたという。両耳を押さえながら走り出して、しまいには一着でゴールインするという離れ業だった。

河西は昭和八年に明石中学に進学すると、本格的に野球部に入るが、当時の明石中学は名門中の名門だった。河西が二年生の夏に野球部は甲子園に出場しているが、彼は補欠として甲子園の土を踏んだものの、試合に出ることはなかった。

「背番号なんて遠い昔の話で忘れたわ」

河西は、過去のことは振り返らない人だった。彼が明石中学で頭角を現すのは、三年生になってからである。二塁を守ることもあったが、四年生（当時旧制中学は五年制だった）になると右投げ右打ち一番ショートに定着しリードオフマンとして活躍する。

一番河西、二番山本静雄（後中日ドラゴンズ）の二遊間コンビは全国中等野球随一の名コンビと謳《うた》われた。だが明石中は予選で力尽き、河西はレギュラーとして甲子園の土を踏むことができなかった。

神宮の名物、安井・河西の一・二番コンビ

河西は昭和十四年、明治大学に進学する。このとき明治大学の野球部は、昭和十二年春から十三年の秋まで四連覇を成し遂げており、もっとも力のあった時期だった。この時代、野球といえば、東京六大学が主流で、昭和十一年に公式戦が始まったプロ野球（当時は職業野球）は、六大学人気の足元にも及ばなかった。戦争中ということもあり、

野球を職業にするという概念が当時はなかったのである。朝早くから神宮球場の周りには長蛇の列ができた。

床屋などでも、「巨人阪神戦、どっちが勝った?」という話はされずに、もっぱら六大学野球が話題の中心だったのである。

新聞や、当時の野球雑誌『野球界』でもグラビアや記事の大半は六大学野球で占められていた。河西も「明石中に名遊撃手あり」という触れ込みで明治大学に入ったとは言え、甲子園大会で活躍した実績はない。やがて外野にコンバート、ここから彼の活躍が始まった。

昭和十六年、三年生になった河西は二番中堅でレギュラーになった。

ここで一番安井亀和《かめかず》、二番河西のコンビが結成されるが、この二人は他の五大学にとって脅威の的であり、戦後南海ホークスでも、彼らはコンビを組んで「走る南海」の象徴としてリーグ優勝に貢献した。河西は、コンパス(歩幅)こそ短かったが、明治大学時代から投手の心理を読む術《すべ》に非常に長《た》けていた。一塁に出ると、相手投手が打者に投げるか、一塁に牽制《けんせい》するか、カウントによって直球を投げるか、変化球を投げるか、心理状態を見抜くことができた。この特質が盗塁に生かされた。完璧にモーションを盗んで一気に駆け抜ける。河西の走りは小股で、二塁ベースに近づくと、体を右側に半身にして、左足から滑り込むフックのスライディングを得意とした。上手に野手のタッチをかわす小回りの利く、スライディングだった。当時の東京六大学野球のファンで、河西の現役時代をよく知る人がいる。筆者の知人の林秀男である。

林は言う。

「河西さんはとにかくスタートが抜群に早かった。最初の一歩も二歩も速かったから、短いコンパスでも高い成功率を誇れたわけです。相手の心理を読む洞察力というのでしょうか、五感が働くことでは天性のものがありました。それが後のスカウトとしての選手を見る慧眼《けいがん》として生かされたと思います」

昭和十六年、秋の慶應義塾大学戦だった。このとき河西は一番打者だったが、三塁へ痛烈な叩《たた》きつけるゴロを打つと、三塁手の頭上を越えるほどのバウンドになった。三塁手高塚は慌ててグラブを差し出したが、すでに河西はすり足で一塁へ駆け抜けようとしている。河西の足に気を取られ、ボールを弾《はじ》くと、二塁側に転がった。河西は悠々と一塁にセーフとなった。彼の眼は相手チームの動揺を見逃さなかった。打者に気を取られ、自分にはノーマークであることに気づいていた。すぐさま二盗を企てると、これも悠々とセーフ。後続の打者がレフト前へヒットを打つと、河西は生還して、明治が先制点を挙げた。出塁すれば相手の隙をついてスコアリングポジションへ行き、後続打者のヒットで生還するというのが、河西の持ち味だった。

バントをさせても、巧みだった。河西の定位置は二番で、一番安井が塁に出れば、ライト方向にヒットを打って安井を進塁させることもあったが、何と言っても河西の妙技はバントだった。秋の対慶應大学戦では4回に一番安井が四球で出ると、二番河西は一塁手の右へ絶妙のバント。ベースカバーの二塁手にトスするか、自ら駆け込むか判断に迷う位置にボールが転がった。河西はスタートこそ遅れたが、モーターカーが速度を増すように一気に加速する。この動きに一塁手は迷った。河西の足につられて、一塁手は自らベースに駆け込んだが後の祭りだった。河西は楽々と一塁に生きた。河西とはそういう、相手にとって嫌がられる選手だった。

もう一つの河西の魅力は守備範囲の広さだった。ここでもコンパスの短い分を、スタートの良さで補った。相手打者が打った瞬間に、最短距離で打球の落下点にゆくことができた。これも相手打者や場面ごとに、二歩前だとか、三歩左だとか、守備位置を変えていたのである。すべて正面で捕球しているように見えるから、ファインプレーがファインプレーに見えない玄人肌の守備だった。なおかつ明治のエースが後の巨人の投手藤本英雄だったから、相手の打球はあまり飛ばなかったので、前寄りの守備位置にいるのが基本だった。

この頃から戦時色も濃くなり、敵性スポーツである野球に対する国家の圧力は凄《すさ》まじいものになった。昭和十六年十二月八日に太平洋戦争が始まり、昭和十八年四月に文部省の圧力でリーグ戦は中止に追い込まれた。その狭間《はざま》の昭和十七年には、河西も最上級生となっていたが、九月に繰り上げ卒業となり、戦争に行かなければならなくなった。河西は、藤本英雄らとともに学窓を巣立ったのである。

日本は次第に敗色が濃くなってゆく。そんな中、兵隊に行くことが決まった河西の慰めはジャズを聴くことだった。彼は休暇で東京から帰省するたびにレコードケースを抱えて、部屋で蓄音機を回して聴いていた。戦時中も蓄音機に毛布を掛けて聴いていた。音が外に洩れないようにするためである。その趣味は終生続くことになった。

船が撃沈、九死に一生を得る

河西は繰り上げ卒業後、陸軍の姫路三十九連隊に入隊した。階級は伍長《ごちょう》だった。航空隊に配属され、飛行機や、特攻機の整備を行った。しかし父親の善次郎は〝あかんたれ〟の河西が心配でならない。ある夜に、外で足音がした。すでに深夜を過ぎていた。この頃、河西の実家は幸町《さいわいちょう》に移っていたが、付近は工場や住宅が建て込んでいるから、夜に人が走ることはまずない。だから男性のものらしい力強い駆け足の音に、善次郎は「俊雄ではないか」と蒲団《ふとん》から飛び起きた。兵隊が辛くて逃げてきたのではないかと思ったのである。足音はそのまま小さくなって聞こえなくなった。

しかし戦地での河西はただの〝あかんたれ〟ではなかった。人間は究極の場面で、その人の持つ本性が現れる。ふだんは温厚で優しい人間が、生きるか死ぬかの場面で肝が据わり、周囲を驚かせることもあるのである。

河西が大型の船に乗って東シナ海を南方に行く途中だった。この海域も戦争末期になると、安全な航路ではなくなっていた。敵の潜水艦が出没し、次々と日本の船は沈められた。巨人軍のエース沢村栄治が乗っていた船もこの海域で敵艦に沈められ、海の藻屑《もくず》と消えている。

河西の乗った船も潜水艦にやられた。船は次々と攻撃を受けて次第に傾いてきた。徐々に海に沈んでいく。このとき少尉になっていた河西に、部下たちが、「早く飛び込みましょう」と急《せ》き立てた。船も燃え始めている。海に飛び込んでも、固まって浮かんでいなければ、救ってもらえない。海に点々と浮かんでいると、救助の船に見逃されてしまう。そして早く飛び込まないと、救助の船もすぐに一杯になる。だが河西は動こうとしなかった。

「少尉殿、早くしてください！」

部下はさらに強く言った。

「ワシは後から行くわ。お前たちから飛び込むんや」

部下はなおも迷っている。そのとき河西は烈火の如《ごと》く怒鳴った。

「早《はよ》う飛び込め！　これは命令や」

部下たちは「すいません」と言いながら次々に海に飛び込んだ。

「ええか、できるだけ遠くへ飛び込めよ」

船が沈没するときは、遠くへ飛び込むのが鉄則だった。できるだけ船から遠ざかったほうが火の粉も降りかからず、安全だからである。河西は部下が全員海に降りたのを見届けてから、最後に海に飛び込んだ。その後、彼は東シナ海を木材などの浮遊物に摑《つか》まりながら、八時間漂流した果てに、奇跡的に味方の駆逐艦に拾われた。

河西のスカウトになってからの粘り強い交渉と、人を信じる力は誰もが認めるところである。僅かな可能性にも賭け、最後まで諦めないという、生死の境の絶望的な場面を生き延びた者だけが持つ、とてつもなく強く信じる力が、万人の気持ちを揺り動かしたのではなかろうか。

ここに名スカウトたりえた河西の原点があった。やがて終戦、河西は朝鮮半島の大《たい》邱《きゅう》にいたが、昭和二十年十月に日本の土を踏むことができた。

第2章　ホークスの韋駄天《いだてん》

走る南海の象徴

さて戦後のプロ野球は、終戦間もない昭和二十年十一月二十三日、神宮球場で行われた東西対抗戦で幕を開けたが、復員したばかりの選手を集めて、東軍と西軍に分かれて戦う試合だった。そこで飛び出す大下弘の空高く舞い上がる本塁打は〝虹のアーチ〟と呼ばれ、野球ファンを感激させた。大下の本塁打と当時流行《はや》った「リンゴの唄」は敗戦で打ちひしがれた国民の希望の星だった。

復興したプロ野球は、昭和二十一年からリーグ戦が再開されることになった。復員した河西は、富士電機に就職することが決まっていた。そこに近畿グレートリング（後南海ホークス）の選手兼監督山本（鶴岡）一人《かずと》にプロ入りを誘われたのだった。プロ野球はまだ認知度も低く、河西の両親も反対したが、六大学のスターであった山本に誘われて、彼はプロ入りを決意した。明治大学でコンビを組んだ安井も一緒に入団した。

当時の南海は資金難で、河西ら新入団の選手には契約金も支払えず、給料は一律五百五十円だった。これは一般のサラリーマンの給料が二百円だったから、そう高い金額ではない。好きな野球ができれば、それでいいという思いで、一杯だった。そんな選手たちが戦後の野球界の復興を支えたのだった。

再開されたプロ野球は、このとき阪急、近畿グレートリング、東京巨人、大阪タイガース、中部日本、パシフィック、セネタース、ゴールドスターの八球団で構成されていた。

この年の近畿グレートリングの特徴は、一番安井亀和、二番河西俊雄、三番田川豊と、一番から三番まで俊足巧打の選手を揃《そろ》えた点にある。彼らが塁上をかき回し、四番の山本一人が長打で返すというパターンだった。山本の後には俊足巧打の堀井数男も控えており、とにかく相手投手の神経が休まる暇がないほどの足を駆使した攻撃力だった。

近畿の盗塁数は全選手で200個を記録した。二位が中部日本の132、巨人は98だったから、他チームを大きく引き離した断トツの盗塁数だった。試合数が105しかなかったから、1試合にほぼ二つは盗塁をしていた計算になる。その筆頭が河西だった。

彼は39盗塁を記録し盗塁王に輝いた。

河西のことを「出塁するとうるさく、敵陣をかき回す廿日鼠《はつかねずみ》みたいな選手」とマスコミは表現した。盗塁しないように見せかけて、小さなリードを取ったかと思うと、突然走り出す。後に盗塁王の常連となる木塚忠助（南海）や金山次郎（中日）なども「河西さんだけには勝てない」と洩らした。

この戦後プロ野球再興の年に近畿は優勝、その勝率は．631、二位巨人は．621で、1ゲーム差の勝利だった。この優勝を詩人のサトウハチローは「コソ泥式優勝」と呼んだ。盗塁を武器に、優勝したからである。

翌二十二年、近畿は南海ホークスとなったが、この年も河西は塁上を賑《にぎ》わした。盗塁数は53で、二位の呉昌征《ごしょうせい》（阪神）の40を引き離す抜群の成績で二年連続でタイトルを獲得した。この年の九月二十一日の阪神戦では、河西の足をもっとも印象づけるプレーが出た。河西は三遊間を破るヒットを打つと、次打者のとき二盗、三盗を次々と決め、三塁に立った。打者の二塁ゴロで本塁を突き、南海は逆転勝ちしたのである。ワンヒットで得点という、足の野球の典型だった。

サトウハチローは彼を「リス」にたとえた。窓から抜け出し、いつの間にか隣の屋根へ行き、つかまえようと梯子《はしご》を掛ければ、屋根から消えうせ、向かいの屋根へ。追いかければ自分の家に帰って澄ましている。屋根をベースに見立て、次々と盗塁し、いつしか本塁へ還《かえ》って一点、という様子を表すたとえだった。

河西は体も小さく非力だから、バットを短く持って打席に立つ。背中を丸めて、バットを肩に担ぐ。投手がモーションに入ると、バットを少し寝かせて、ボールに対応する。相手投手を疲れさせ、本塁打など大きい当たりはなかったが、ファウルを打って粘って、相手投手を疲れさせ、センターから右寄りに打球を飛ばす。粘って四球を選ぶこともあったし、ライトにヒットを打てば、走者を三塁に進めることができる。粘って一塁に出ればすぐに走ってくるから、相手投手からすれば神経を消耗させられる嫌な打者だった。

明石中学の後輩で、関西大学で首位打者を獲《と》り、阪神タイガースで外野のレギュラーとして活躍した大津淳《あつし》は河西の足の凄《すご》さを知る一人である。

昭和二十一年、大津が明石中時代のときである。オフに河西が練習にやって来た。圧巻は河西のベースランニングだった。一通り練習が終わり、河西は後輩たちに言った。

「お前たち、プロ野球はどういうもんか知っとるか」

部員たちが、首を傾《かし》げていると、河西は「ベースランニングをやろう」と言った。ホームに次々と選手たちが集まると、彼は言った。

「お前ら、一塁ベースから走ってええぞ」

河西はホームから、二十人ほどの部員は一塁ベースから次々とスタートした。ところがいつしか大津たちの後ろに河西がぴたっとついている。ついに三塁を過ぎると、河西は一気に選手たちを抜き去ってしまい、楽々と一番でホームインしてしまった。何度走っても緑のグレートリングのユニフォームが追いついてくる。

大津は言う。

「河西さんの小股の走りがまた速いのよ。これがほんまのプロの速さかと思った。速い部員は勝負を挑むけど、追いつかれて度肝を抜かれとった」

部員たちは河西の一挙手一投足を見ていた。そのとき口々に呟いた。

「ワシらこんな選手にはなられへんわ」

河西はベースをほぼ直角に曲がってランニングする。明石中の選手はゆるやかに弧を描きながら回る。そのベースの回り方で河西は三歩も四歩も距離を縮めることができたのである。

大津は感嘆した。

「河西さんはオーバーランはしない。ほんまに直角みたいに回る。ベースの回り方が速いんです。これを見て覚えなければならなかった」

昭和二十三年も河西の足は冴《さ》えた。この年は山田伝の記録した56盗塁の年間記録を抜いて、66盗塁のプロ野球新記録を達成し、三年連続の盗塁王に輝いた。二位の塚本博睦《ひろむつ》（阪急）の39盗塁を大きく引き離し、堂々の一位だった。しかも盗塁成功率は．８２５と断トツの数値を誇った。

ふつう盗塁は競い合うことで数が増える。だが河西は独走でタイトルを獲得した。それだけ足に自信があったということだろう。

昭和二十四年、テスト生から入団し、後に首位打者を獲得して、ＭＶＰにもなった岡本伊三美《いさみ》（後近鉄監督）は河西の温厚な人柄に触れた一人である。河西は大の麻雀《マージャン》好きである。宿舎にいれば麻雀ばかりしている。まだ下積みだった岡本は、球団のマネージャーから、スター選手のサインを貰《もら》って来るように仰せつかった。ファンとの仲介役なのである。

河西には十枚サインを書いてもらわなければならなかった。色紙を十枚持って岡本が近づいてゆく。だがスター選手たちはリーチがかからないとサインを書いてくれない。麻雀の調子がいいときは「サインか？　お、いいぞ」となるが、悪ければ「お前、向こう行け」と言われるのがオチである。ところが河西は、岡本の姿を認めると、麻雀の手を止めてサインを書いてくれた。その後、「おい、これやるからな」と岡本に声をかけると、煙草《タバコ》を渡してくれた。箱の真ん中に日の丸が描かれた洋モク「ラッキーストライク」だった。

岡本は言う。

「他の人はこんなことしてくれないのに、優しいなと思った。僕は怒られたことないな」

逆に先輩に怒られることがあると、慰めてもくれた。盗塁王に輝いているのだから、もう少し威張ってもいいはずだが、彼に限っては謙虚で癖《ヘキ》もなかった。

この年限りで、河西は南海を去る。昭和二十五年はプロ野球が一リーグから、二リーグに分かれた年である。球団数も八チームから、セントラル・リーグ八チーム、パシフィック・リーグ七チームと合わせて十五チームに増えた。そのため新チームは既存のチームから選手を引き抜くなど、混乱が見られた。その被害をもっとも蒙《こうむ》ったのは大阪タイガース（阪神）だった。阪神は、エース若林忠志、四番打者別当薫、正捕手土井垣《どいがき》武、一番打者呉昌征など主力級の選手が、ごっそりと移籍した。野手の穴があいた阪神は、外野も内野もこなせる選手の補強をしなければならなくなり、河西が移籍することになった。

プロ野球も河西の人生もまた変わりつつあった。

阪神で指導者に

阪神に移った河西は三十歳になったが、移籍一年目は外野のポジションをしっかり守り113試合に出て、打率.276、盗塁23を決めてチームになくてはならない選手になった。三十一歳になった昭和二十六年も、今度は手薄になった二塁を守って114試合に出場して、打率.268、盗塁18を記録した。往年の活躍ぶりとまではいかなかったが、内外野が手薄になると、空いた守備位置を守る。バッテリーと一塁以外のポジシヨンはすべて守ったという彼は、スーパーサブとしての役割にはぴったりの選手だった。
ある試合で阪神が4点差で負けている試合があった。試合は9回裏、このとき阪神は最後の粘りを見せて、4対4の同点に追いついた。さらに走者は三塁まで行った。一打サヨナラの好機到来である。だが代打陣は使い果たしてしまっていた。しかも二死、もう後がない。監督の松木謙治郎がベンチを見ると、コーチ兼任になっていた河西が一人座っていた。

「よしカワさん行け！」

河西はバットを持って打席に向かった。ここで彼は徹底してファウルで粘った。相手投手も根を詰めて投げていたが、阪神のチームの勢いに、ついタガが緩んで、コースが甘く入った。これを河西がライトへ押しつけるように振ると、打球はゆっくりと一塁後方に上がった。ファウルかフェアか境界線上だった。そして一塁手とライトの間に見事に落ちた。河西らしい粘った末のテキサスヒット（内野と外野の間に落ちるヒット）だった。投手としては打ち取った当たりなので悔やんでも悔やみきれない。これが決勝点となって阪神はサヨナラ勝ちを収めた。

この安打と得点を自らへのはなむけに、河西は現役を引退した。

以後河西は二軍監督、一軍コーチを経て、昭和三十三年にスカウトに就任するのである。

藤村騒動とスカウト転身

藤村富美男《ふみお》のニックネームは〝ミスタータイガース〟。昭和二十四年には打率．332、46本塁打、142打点という驚異的な数字を残し二冠王、MVPに輝いた。翌年も打率．362、39本塁打、146打点をマークした。その彼が昭和三十年から選手兼監督を務めた。一軍監督藤村、二軍監督河西というコンビを組んだこともあった。

ところが昭和三十一年のオフに、主力選手が藤村の批判を行い、球団首脳部へ連判状を出す事件が起こった。曰《いわ》く「作戦が独断専行である」とか「俺はまだ○○選手に負けないと言った」とか「選手が藤村をしのぐ活躍をすると機嫌が悪い」とか、根っこにあるものは感情論なのだが、これが澱《よど》んでしまって、収拾がつかなくなってしまった。主力選手たちが監督の解雇を要求するという行動に出たのである。

その中で、一軍コーチを務めた河西は感情論にぶれることなく、淡々と任務を遂行し続け、中立の立場を貫いていた。やがて騒動は鎮静化したが、根本的な解決には至らず、新監督には田中義雄が就任した。この状況の中で一軍コーチだった河西はスカウト専任になることになった。このような最中でも河西は冷静だった。多くの主力選手が反藤村になびく中、彼ともう一人のSという内野手は中立の立場をとった。ところがS選手も、突如選手たちと行動をともにするようになった。この話を聞いた河西の夫人のマサはこう言った。

「Sさんも、あっちについたね」

このとき河西は表情も変えずに呟いた。

「彼にも生活があるやろ」

マサは、「それであなたは？」と聞きそうになったが、堪《こら》えた。彼女は当時を振り返って言う。

「結局主人だけが、あちらにはつかなかったのです。Sさんの悪口を一切言わないで、〝それでいい〟と。あのとき主人を強い人だなと思いました。あの人にしたら何ともないのですね。そういうところが強いのですね」

選手たちがいきり立っている中で、河西はその波に飲まれることなく、自分のスタンスで生きようとした。そして対立した人物の悪口、批判を一切しなかった。それが、後にスカウト河西の核にもなるのだが、彼は人の心を信じる一方で、徹底したリアリストの一面もあった。政治の世界で総理大臣が代わったり、新しい大臣が就任したりしても、彼は浮かれることなく、呟くだけだった。

「誰がなっても世の中同じじゃ」

そう言って、静かに新聞を閉じて、仕事に出かけるのが彼の習慣だった。それが河西流のダンディズムだった。

第3章　タイガースのスカウトに

「あなた買います」の世界

河西が阪神のスカウトを始めたのは、昭和三十一年十二月だった。ただこのときは一軍コーチの仕事にもついていたので、双方を兼ねながらやっていた。

球団代表の戸沢一隆に正式にスカウト転向を言われたのが昭和三十二年（翌年就任）である。このとき河西は非常に驚いたというのが実感だった。彼は酒も飲めないし、口下手だから、正直困ったものだと思った。

じつはこのとき、彼はノンプロ（社会人野球）の新日鉄広畑《ひろはた》の監督に就任することが内定していたが、察しのいい戸沢は「もう断ったんやろな」と切り出した。スカウトを断る挨拶に行ったつもりが、逆に説得されてしまった。以後長いスカウト人生が始まることになるのである。

他球団にはすでに海千山千のスカウトの猛者《もさ》たちがいる。河西が目をつけた選手は、他球団のスカウトたちがすでに注目している。その毎日を「日々身の磨《す》り減るような競争」と河西は表現した。まともにいっては、彼らに到底太刀打ちはできない。

その中で彼がモットーとしたのは、「誠心誠意」だった。自分には下手な策略は似合わないし、上手くもない。この気持ちでぶち当たるしかないと考えたのである。自分に誠実に、他人に誠実に、これが生来の河西の資質であり信条であった。

この頃のスカウトは、ドラフト制度が始まる八年前で、自由競争の時代、いわば戦国時代に置かれていた。昭和三十一年に松竹映画の『あなた買います』という作品が上映された。大学野球のスター選手を巡る各球団のスカウトの札束攻勢を描いたものだが、これはある程度実話を参考にしている。当時東都大学リーグの強打者だった中央大学の穴吹義雄がモデルである。彼が昭和三十年秋に南海ホークスに入団する顚末《てんまつ》を参考にして小説が作られ、映画化された。ここでは札束攻勢、抜け駆け、裏切りなどが描かれているが、その中でスカウトがスター選手に翻弄されながらも、暗躍し、必死になって獲得しようとする姿も描かれた。

自由競争であるだけに、選手の発掘には先見の明などの眼力も今以上に求められた時代だったが、現在と違って契約金、年俸の上限もなかった。有望な選手がいると各球団が押し寄せ、条件のつり上げが行われるなどスカウトもブローカー化していた。

たとえば、ある有望選手の父親が寝ている部屋に、いつの間にか四百万円が無造作に新聞紙に包まれて置かれていたという話もあった。また選手の家に、当時は高級品だったイギリス製の二十四インチテレビが送られたという話もある。さらには選手の在学中から、小遣いを渡し続けて手なずけるという方法もあった。もっとも選手も賢いもので、もっとよい条件の球団があれば、そちらに切り替え、そのチームから貰った金で、それまで貰った小遣いを返済するという剛の者もいた。また野球ができなくなったら親会社で雇用するという保証付の入団まで行われていた。入札型といい、各球団におおっぴらに契約金を競って提示してもらい、選手は条件の高いところに行くという方法もあった。数年前の某球団の「栄養費」問題など、比較にならない無法な状況にようやく規制整備のメスが入れられようとしていた。

その中で、昭和三十一年七月二十七日に各球団のスカウトがコミッショナーに登録されることになった。いわゆる「スカウト登録制」の始まりであるが、日本野球連盟としては、「スカウトの品位と権威を保つために、球団在籍者に限って身分証明書を発行し、個人の資格でスカウト活動する者との間にはっきりと一線を画した」(『阪神タイガース昭和のあゆみ』)ということである。

登録されることで、そのスカウトは球団の代表者として選手本人と対面契約できる資格を持つことになった。登録されていなければ、対面契約する資格がない(例外として球団の取締役は認められた）。それまでは地元の有力者が球団に代わって契約することもあったから、ようやく混沌《こんとん》としていたスカウトの世界が野球界の中で制度化されたということになる。

昭和三十一年の段階では河西はスカウト登録はされていない。しかしながら、コーチ業の傍ら、スカウティング活動を行っていたことは前述のとおりである。

当時、阪神のスカウトは青木一三《いちぞう》、浅野秀夫、奥井成一、御園生崇男《みそのおたかお》、杣田《そまだ》登の五名であった。後に青木が球団を去り、その後任という形で河西が専属スカウトになった。他球団には中日の佐川直行、大洋ホエールズ（現横浜ＤｅＮＡベイスターズ）の平山菊二、毎日オリオンズの小野稔（『あなた買います』の原作者）、阪急の丸尾千年次《ちとじ》など球史に残るスカウトの名前も見える。

だが酒の飲めない河西には、誠実さを前面に出して交渉するにも、苦労があった。やはり日本人の精神風土として、話し合いには酒の席は欠かせないものだったからだ。話をしようにも、まず一杯ということになる。こればかりは断るわけにはいかない。

高校の先生や監督と交渉するため、地方に行けば行くほど、

「飲めない人と真剣な話はでけん」

「飲まんと腹割って話がでけん」

という人が多くなる。今のように、ウーロンハイとかない時代で、ビールか日本酒が

中心だった。杯のやりとりの中で、話も弾む。そこで本音も少しずつ出てくる。しかし河西は大の甘党である。喫茶店でもアメリカンコーヒーにミルクと砂糖をたっぷり入れて、底に残った砂糖をスプーンですくって口に入れるのが大好きだった。それほどの甘党であり、酒は苦手であった。日本酒はおちょこ一杯で心臓は激しく脈打ち、頭の中は半鐘が鳴りっぱなしになってしまうほどの下戸だった。

後には、酒を飲まないでも、交渉のときには冗談や駄洒落《だじゃれ》も言えるようになったが、新米スカウトの頃はそうもいかず、腹を据えて杯のやりとりをしなければならなかった。こっそり便所で吐いたり、貧血を起こしながらも、酒席では努めてふつうに振る舞った。

そういう中で、初めて手がけたのが中京商業のエース本間勝と、柳井高校の遠井吾郎だった。本間は春、夏と甲子園に出場し、昭和三十二年に阪神に入団した。昭和三十五年には13勝を挙げた。一時期、村山実、バッキーに続く第三の投手と呼ばれたこともある。

河西にはコネがなかった。だが本間は、同じ中京商の星山晋徳《しんとく》一塁手、膳所《ぜぜ》高校の石田博三《ひろぞう》投手、育英高校の戸梶《とかじ》正夫捕手らとともに高校球界の逸材である。何とかものにしたい。全球団が注目する中、中京商の二人には地元中日ドラゴンズが食い込んで有利と言われていた。巨人、西鉄、南海の名前も希望球団として取沙汰されていた。ところが、まだスカウトとしては新人だった河西がこの本間、星山、石田、戸梶の四選手を粘りと情熱で獲得してしまったのである。しかも契約金僅かに四百万円という安い金額で済ませた。立教大学の長嶋茂雄の契約金が三千万円と噂《うわさ》されるご時世に、四百万はさすがに低価格だった。これには球界関係者も驚かされてしまった。

ここで河西の存在が突如クローズアップされることになった。

本間にいたっては「一度は巨人を倒して勝利投手になってみたい」と言わしめるほど、阪神に惚《ほ》れ込ませた。彼の初勝利は念願どおり巨人戦だった。彼ら四人は卓越した成績を残したわけではなかったが、実働六年から十年、いずれも一軍ベンチにいて、控えや代打、リリーフ投手として働いたから、まずまずの活躍をしたと見るべきであろう。

河西は交渉で言った。

「契約金が多かったらかえって本人の精神的な負担が増すばかりや。それよりも契約額は少なくてもな、ええ働きをすれば給料はなんぼでも上がるから、実を取ったほうがええ」

選手たちは一様に納得した。

「ウチを愛しているなら来てくれ」

圧巻は柳井高校の遠井吾郎だった。彼は阪神の「酒仙打者」として、四番を打ち、温厚な人柄から「仏のゴローちゃん」と呼ばれて慕われた。守備は下手、しかも鈍足だが、打撃センスは超一流。昭和四十一年には長嶋茂雄と首位打者争いを演じ、打率.326を残した。朝まで酒を飲み続け、アルコールの匂いを漂わせながら打席に立つ。

「わしは酒を飲むために野球をやったもんや。飲んで次の日に練習で汗を流す。体の調子はいい。また夜飲む。これが旨《うま》い……」

入団間もない川藤幸三《かわとうこうぞう》は悠然としている遠井を見て「この人、社長や監督よりなんで偉そうにしとるんや」と思ったという。

豪傑肌の選手だったが、物静かな性格だった。記録より記憶に残る選手の代表格だった。

遠井は昭和三十二年の選抜大会で甲子園に四番一塁で出場した。甲子園では王貞治のいる早稲田実業に準々決勝で敗れている。遠井は甲子園では無安打だったが、そのシャープな打撃センスによって河西の目に止まった一人だった。

河西は柳井高校まで足を運び、彼のボールの捕まえ方の上手さに感心した。一見すると不器用に見えるが、ミートの上手さ、バットコントロールには天性のしなやかさがあった。とくにセンター方向へライナーで打球を飛ばす様は、非凡なセンスを窺《うかが》わせた。

河西はプロで成功するには、守備、走塁、打撃とすべてが平均点では駄目だと思うようになっていた。何かアクセントが欲しい。その象徴が遠井だった。ただプロで二十年もやれるとは河西も考えてはいなかった。

遠井の生涯成績は、実働二十年で1436安打、打率.272、137本塁打、688打点だった。遠井は平成十七年に死去したが、生前「わしがタイガースに入ったのは河西さんの人柄に惹《ひ》かれたからや」と語っていたという。

河西は、常々口にしていた。

「〝あなた買います〟といった方法には反対や」

だから交渉のときも、「うちへ来れば必ず第一線で起用する」などのお世辞や口約束を使うことはなかった。一から十まで誠心誠意で正直な意見を押し通した。遠井にも、

「君がウチ（阪神）を愛しているなら来てくれ」

と説得したのである。とくに河西は高校生を担当することが多かったので、彼らの悩みは何かを分析していた。それは「自分はプロでやれるのか」ということに尽きた。だが河西はそこで「君なら大丈夫」など安請け合いは絶対にしない。

遠井に河西は語った。

「他の球団は高い契約金を用意しているとか、一年目から一軍を約束するとか、おいしい話をしよるけど、ワシはそんな話はようせん。プロは厳しいし、ウチは満足な契約金も払えん。でもプロ野球は自分の腕一本で稼ぐ世界や」

まさにスカウトが口説く手法の逆ばかりである。まだ経験の浅い河西は正面突破で相手にぶつかるしかなかった。

遠井はその情熱に打たれ、「お世話になります」と頭を下げた。

河西は後々まで遠井の言葉に嬉《うれ》しい思いを持ち続けた。


その口説きは遠井に対してだけでなく、他の選手にも同様だった。不安そうに尋ねる両親に向かって、河西は正座して相手を見つめた。

「だいたい高校を出たばかりで自信があるのがおかしいのと違いまっか」

高校生本人も、親も、高校の監督も一様に驚いた顔をする。互いに顔を見合わせる者も出てくる。ここで欲しい言葉は「プロでやれる確約」なのである。皆、じっと河西をすがるように見る。ここで「プロでやれる」と言ってくれれば踏ん切りがつくのである。河西はツボを押すように、ここで静かに語りかける。

「高校出たばかりでプロでやれる自信なんてないですわ。それは過信ですわ。要は君の努力次第なんや」

プロで十年も飯を食ってきた彼には、生半可な励ましはできなかったのである。

「どや、阪神好きか?」

相手はゆっくりと決心したようにうなずいた。

「一緒にワシらとやってみんか」

ここで彼らはプロでやる決意を固めるのである。遠井の守備はお粗末だった。だが

「仏のゴローちゃん」にはそれもご愛嬌《あいきょう》だった。後年、二塁には安藤統夫が入るが、一塁に高いフライが上がっても、一塁手の遠井はまったく動かなかった。安藤が捕りに行くと、遠井はそこから逃げ出した。守備が苦手な遠井は、前もって「安ちゃん頼むわ」と打ち合わせをしていたのである。

河西は毎年選手たちの入団を見届けると言った。

「まるで仲人を済ませた気持ちや。夫婦が上手くやってくれればええという気持ちと同じですわ」

威張りもせず、人間的な温かみで選手たちに接し、入団後も「どや？」と何かと目をかけて話しかけた。

佐川・河西の二人体制

阪神には、もともと青木一三という名スカウトがいたことは前に触れたが、藤村騒動のおりに自ら退団してしまったので、その後任に河西が座った。同時に中日ドラゴンズの辣腕スカウトだった佐川直行が、阪神に移籍してきた。

佐川は身長は一八〇センチを超え、体重も八〇キロ近い巨漢で、スカウティングは押しの一手で、強引に入団させるのが得意であった。いつもハンチングを被《かぶ》り、ダスターコートを着込み、刑事のような雰囲気で偵察にやって来るから、大抵の選手は恐れをなして警戒の目で見てしまう。鋭い眼光に眉が逆八の字にまっすぐに伸び上がっているから、受ける印象も河西と対照的だった。銀行勤務をしたあと日本野球連盟の職員を経て、スカウトになった。彼のモットーは、こうだった。

「スカウトは一に金、二に粘り」

彼は早稲田実業の王貞治から、粘りに粘った交渉の末、「阪神入団」の口約束を取った。結局王は巨人に入団したのだが、喰らいついて離さないしぶとさは佐川の真骨頂だった。こんなエピソードがある。

昭和三十二年の早春。大阪駅に中日ドラゴンズに入団する洲本《すもと》高校の遊撃手鎌田実が立っていた。これから中日の球団事務所に挨拶に行くことになっていたのである。そこへ前年まで中日のスカウトだった佐川がやって来た。このとき彼は中日を退団して、阪神のスカウトに身分を変えていた。そんな事情を知らない鎌田は、顔なじみの佐川に連れられて歩いた。

「どこへ行くんですか」

「ご苦労さん、今から阪神に行って契約だ」

佐川は鎌田を強引に阪神の球団事務所に連れて行って、とうとう契約させてしまったのである。これが、後の阪神の名二塁手、〝バックトスの名手〟鎌田実が誕生するきっかけとなったのだから不思議なものである。

ある球団OBは佐川のことをこう語る。

「あの人には辣腕という言葉しか使えないね。根本陸夫（元西武ライオンズ監督）さんに近いかな」

さて、河西の場合は佐川と対極で、「スカウトは一に誠意、二に誠意」が信条である。ただ佐川のほうがスカウトとしては先輩格なので、河西も遠慮するところがあった。相反する二人のスカウト活動が後々までエピソードとして語り継がれることになる。

昭和三十六年の注目株は慶應大学の名遊撃手安藤統夫だった。

東京六大学のスターである安藤には、各球団のスカウトが押し寄せていたが、すでに河西は彼の高校時代から目をつけていた。茨城県の土浦《つちうら》一高の選手だった安藤は、三番で遊撃手、一年生からレギュラーを務め、二年生のときに甲子園にも出ていた。このときからプロで活躍できる素材と、巨人、大毎オリオンズ（現千葉ロッテマリーンズ）、阪神タイガースが注目していた。だがこのとき大学進学を決めていた安藤はスカウトとは会っていない。

安藤は言う。

「河西さんも、高校まで見に来ておられたけど、会いもしなかったから、後で〝高校まで来たのに門前払い食らわしやがって〟と言われました。河西さんはざっくばらんで、温かいものを持っていましたね」

土浦一高、慶應大学でも主将の安藤は、後に阪神の監督、ヤクルトのヘッドコーチを務めており、指導者としての資質を持っていた。阪神の戸沢球団代表と河西が都内の安藤の自宅を訪れ、家族を交えて入団交渉を行った。安藤は河西の現役時代を知っていた。足が速く、守備範囲は広い、長打は少ないが渋いヒットを打てる打者で、相手がもっとも嫌がる選手だった。

「言葉は悪いがせこい選手ですよ」

と安藤は言う。彼は、最近では赤星憲広を彷彿《ほうふつ》とさせる選手だったと言う。いやむしろ赤星のほうが河西に似ていたと言うべきだろう。

そんな見惚《みと》れた選手が、スカウトとなって、自分の姿を追いかけていたとは知らなかった。

慶應大学に進んでからの安藤は遊撃手として活躍し、ベストナインを二度受賞しスター選手となった。彼が四年生のときに、阪神、巨人、大毎オリオンズ、国鉄スワローズ（現東京ヤクルトスワローズ）、東映フライヤーズ（現北海道日本ハムファイターズ）などが偵察に来ていた。阪神からは、河西も見学に来ていたが、交渉したのは佐川だった。巨人は監督の川上哲治が熱心に誘った。実際に会って話もした。川上は「うちに来てくれないか」と真剣に説得した。安藤にとって神様みたいな存在で、凄い人に誘われたと感動もした。当時は野球の神様はまだ長嶋茂雄ではなく、現役時代、赤バットで鳴らした川上哲治だったのである。だが、安藤はきっぱりと言った。

「大変悪いのですが、二番手の阪神に入って、巨人に歯向かってみたいのです」

この返事に川上も驚いた。自分のいるチームに歯向かいたいから、その対抗馬のチームに入団したいと言うのである。

安藤は関東に住んでいたが、父親が商社マンだったので転勤が多かった。父親が大阪勤務のとき、西宮《にしのみや》市の家で彼は生まれている。阪神に行きたいと彼が言ったとき、父親はこう言った。

「自分の生まれたところに帰りたいんやな」

阪神は他の球団の中でももっとも条件が悪かった。断られた川上のほうも驚きはしたが、後々「あいつは根性ある男や。俺に向かって堂々と断りよった」と知人に語っていた。その気性がよほど嬉しかったのか、川上はオールスターゲームのとき、監督推薦で安藤を選んでいる。

交渉したのは佐川だったが、安藤には河西とよく話をした記憶がある。入団した安藤は、昭和四十五年には打率.２９４でリーグ二位の成績を残し、二塁手としてベストナインに選ばれた。この年の犠打29はリーグトップだった。内野も外野も守ることができる万能型のいぶし銀の名選手になった。そのとき河西は、「ほんまによかったなあ」と一緒に活躍を喜んでくれた。河西が近鉄バファローズに移ったときも、安藤は球場で会うたびに気さくに声をかけた。

「カワさん、今も人買いですか。どないですか」

「駄目や。ドラフトになってしもうたから、スカウトの人柄だけでは獲れへんのや」

安藤は昭和五十七年から三年間阪神の監督を務めたが、若手選手を抜擢《ばってき》し、昭和六十年の阪神の日本一の土台を築いたと言われている。

彼は言う。

「当時のスカウトは皆、情のある人でね、情にほだされるというのが多かったように思いますね。スカウトというよりも親父《おやじ》か兄貴という感じでした。河西さんもそうですし、（近鉄の）櫟《いちい》信平さんもそうでした」

今は情報網も発達し、スカウトそのものの力を発揮できなくなってしまった。インターネット、地方へくまなく張り巡らされた各球団の情報網のせいで、「隠れた名選手の発掘」ということがありえなくなった。むしろ指名予定の選手の資質の良《よ》し悪《あ》しを見抜く目が必要とされている。

安藤は河西の阪神における功績を語る。

「河西さんの教え子たち、谷本稔さん、渡辺省三さんなどのスカウトには人間的なよさがありました。ああいうところは、河西さんの系統を継いでいると思いますね。獲られる選手からすれば、とても頼りがいがあって、いつも面倒を見てくれ、気にしてくれる。

親御さんには安心感を与えるし、温かい感じがしますね」

自由競争時代は腹の探りあい

さてスカウトには、いつも持参するものがある。分厚い座布団に、サングラス、帽子、胃薬である。いつも吹きさらしの球場の固い椅子に座るため、尻や腰を痛める。痔《じ》にやられるスカウトもいる。そのため座布団は不可欠だ。真夏の炎天下で選手を見つめるため、目を痛めることもあるので、サングラスは必需品だ。旅から旅の毎日では食事は当然不規則になるし、試合中であれば、ゆっくりと食べる時間はない。入団交渉で難しい対人折衝もあり、ストレスも溜《た》まる。当然胃に負担がかかるから常備薬として胃薬がいる。さらに近年ではビデオやスピードガン、B6判ほどのノートが加わり、これをスカウトの七つ道具と言う。ただ河西がスカウトのときはもう一つ、列車の時刻表があった。時刻表の見方を覚えるのがスカウトの仕事の第一歩だった。

九州で言えば、一日三県を回るのはざらである。たとえば、朝一番で大分県で地方大会を見て、お目当ての選手の打席を見ると、すぐに福岡県へ行って、投手の投球練習を見る。さらに熊本県で練習試合を見るという強行日程である。地方は交通網が整備されていないので、おのずと国鉄（現ＪＲ）など電車に頼らざるを得ない。しかも地方では一時間に一本電車が走ればよいというところもある。本数の少ない中で、いかにして最速最短で目的地に行くことができるか、時刻表を見て瞬時に乗り換えを判断しなければならない。

後年、近鉄でベテランスカウトになった河西は、まず新人スカウトに時刻表の見方を教えるのが役目だった。たとえば四国の高知県中村市《なかむら》（現四万十市《しまんと》）に行くとする。遠隔地である。中村高校に行くには、バスが何時か、そこに間に合うために、何時に乗り換え駅に着けばよいか、そのためには時刻表の何ページを見ればよいか、これらを瞬時に頭に入れなければならない。それも能力の一つなのである。

自由競争時代のスカウトは今の時代よりも大変な仕事だった。河西は後輩に後年語った。

「あの頃は毎朝新聞見るのが辛《つろ》うてなあ」

朝起きて暢気《のんき》に食事をとる余裕などなかった。新聞に、「浪商高校の尾崎行雄はどこそこの球団に決まった！」などのスクープが突然掲載されるからである。どこの球団が抜け駆けしたという情報に常に怯《おび》える毎日だった。

あるいは地方に行くと、ばったりライバル球団のスカウトと出会う。挨拶で「明日はどこ行きまっか」と探りを入れる。ライバルのスカウトは、笑みを浮かべて言う。

「ああ西のほうですわ」

河西は言う。

「ほんまでっか？　わしは東ですわ」

翌日、二人は同じ球場で出会った。

また同じ球場のスタンドで選手を見つめている。河西が傍にいるスカウトに尋ねる。

「どや、あの選手？」

「あかん、駄目や」

ところがちゃっかり獲得に動くというケースもしばしばだった。徹底した腹の探りあいと修羅場の中で鍛えられて、スカウトは光る玉を発掘してきたのである。

さて、昭和四十年にスカウトにとっては重大な制度の改革があった。ドラフト制度の導入である。これまでは各球団とも自由競争で選手を獲得していたが、契約金は高騰し、球団の財政を逼迫《ひっぱく》させ、一部の人気チームに有望な選手が集まってしまうため、戦力の均衡化を図るために、実施された。

ドラフトの方法は年々微妙に変化しているが、当初取られていたのは、まず抽選の順番を決める予備抽選を行い、指名の順番を決める。その順番に従って、希望選手を各球団が挙げていくというものである。当然、有望な選手は複数の球団が欲しがるが、順番が先の球団が指名すれば交渉権を獲得するということになる。後年、重複した場合は、抽選で決めるという方法も取られるようになったが、どちらにしても選手が行きたい球団を自由に選べないという事態が発生することになった。選手の将来をクジで決めてしまってよいのか、いろいろと問題は尽きないが、各球団の戦力の均衡化という面で、ドラフト制度が果たしてきた役割は大きい。

ドラフト制度導入のきっかけは、昭和三十九年の上尾高校の山崎裕之内野手（後ロッテオリオンズ）の獲得にあたって契約金が高騰化したのが直接の理由だと言われている。西鉄ライオンズのオーナー西亦《また》次《じ》郎《ろう》の提唱により、各球団の思惑もあり、紆《う》余曲《よきょく》折《せつ》を経ながらも、ドラフト会議は始められることになった。これが選手の、そしてスカウトの悲喜劇を生みながらも、現在まで続けられている。

第一回ドラフト会議、大物投手を逃す

そのような状況の中で第一回のドラフト会議が昭和四十年に行われた。このとき河西はスカウトとしてもっとも悔しい思いをすることになった。阪神タイガースは、一位の候補が二人に分かれてしまったのである。河西は前年の春から兵庫・育英高校の鈴木啓示に注目していた。その一学年下に、後の阪神のエースになる大阪学院高校の江夏豊がいるが、江夏にとって鈴木は憧れの存在だった。江夏と鈴木はともに左腕投手。二年生のときに育英高校と練習試合をやっている。江夏は二年生ながら府大会でもベスト8まで行き、怖いものなしだった。試合は江夏と鈴木の投げ合いになって延長15回を戦い、0対0の引き分けに終わった。江夏は回想する。

「初めて鈴木啓示を見たわけです。彼を見たときそれまで伸びていた自分の鼻が、こんな凄い投手が高校におるのかとへし折られました」

鈴木は三〇メートル先から遠投しても、マウンドから投げるように一直線の球を捕手に投げることができる。これほどの速い球を投げられる投手がいるのか、という思いだった。この試合で江夏は三振を15個も奪ったが、鈴木は大阪学院高校から27個の三振を奪った。鈴木の投球を見て江夏の考えが変わった。鈴木のような投手になりたい、ただ力任せに投げては駄目なのだと考えた。彼に初めて目標とする投手ができた瞬間だった。

河西も鈴木を見て惚れ込んだ。彼だったら一年目から第一線で十分投げられるし、二、三年経《た》ったら、投手陣の中心になれると評価した。ドラフト制度の始まる前年だから、まだ自由競争の時代である。河西はこの頃から、鈴木の家を訪ねて、父親とも会った。話も阪神入りでまとまっていた。

だが同僚の佐川直行は、鈴木を評価しなかった。そしてドラフト制度が導入された。佐川が一位指名に推したのは、小豆島《しょうどしま》の土庄《とのしょう》高校の投手石床《いしどこ》幹雄である。石床は甲子園にも出ていなかったから、中央球界では無名の投手だった。ただ彼の名誉のために付け加えれば、春の香川県大会で優勝し、二年生の秋には後の大洋ホエールズのエース平松政次と練習試合で投げ合って完封勝利を挙げている。性格は大人しいが、抜群の速球で、シュートのキレもよく、まれに見る本格派というのが佐川の評価だった。制球力に難はあったが、一七七センチに、六八キロの体は、当時は素材として申し分なかった。佐川も「スカウト生命を賭けている」とまで公言した。

しかし河西は石床の投球を一度も見ていなかったから判断しようがなかった。彼の実力は佐川しか知らないし、他に逸材がいるにもかかわらず、彼を一位にする必要があるのか、そこが疑問だった。

河西は佐川に言った。

「佐川さん、石床君を密《ひそ》かに呼んでテストしたらどうですか。私は二塁を守っているところしか見てないんです」

そのとき佐川は烈火の如く怒った。それでも河西は食い下がった。同じスカウト同士でも、佐川のほうが先輩格だから、後輩の河西に反対されて面子《メンツ》を潰された形になったのだろう。実際このときは佐川のほうが発言力ははるかにあった。

河西も負けてはいない。

「では、石床君を一位にしないで、二位にしても交渉権は手に入ると思いますから、一位に鈴木君を持っていったらいいじゃないですか」

「俺の目が信用できないのか！　あいつはいい投手になる！」

この年のドラフト会議は、コミッショナーから送付された用紙に欲しい選手を記入して提出する方法だった。他球団と重複しなければ、交渉権を獲得することができた。重複してくじ引きに負けると、二番目に記入した選手の交渉権を得ることができるという仕組みになっていた。結局阪神としての鈴木に対する評価は六位にすぎなかった。一位には佐川の推す石床が選ばれた。昭和四十年十一月十七日、日比谷《ひびや》の日生劇場七階ホールで第一回のドラフト会議が行われ、阪神は石床を無競争で一位指名することができた。当然会場は彼の指名にどよめいた。〝阪神の掘り出し物〟と球界、マスコミは大騒ぎになった。彼をマークした球団はなかったからだった。

新聞記者は言った。

「石床って誰や」

佐川も自分が発掘した掘り出し物だったので、一言も口にしていなかった。

一方河西の推した鈴木は近鉄バファローズに二位指名され、入団した。その後の明暗は明らかだった。石床は怪我《けが》もあり、実働四年1勝1敗でユニフォームを脱いだ。鈴木は〝草魂《そうこん》〟を信条に、通算３１７勝（歴代四位）を挙げる大投手になった。とくに昭和四十二年からは五年連続20勝、ノーヒット・ノーラン二回、最多勝利投手三回、防御率一位一回、勝率一位一回と獲得したタイトルも数多かった。とくに弱小だったチームで投げ抜いてのこれだけの成績は、彼がいかに傑出した投手かを示すものである。

「わしはまだ下っ端でな、上の方針が石床やった。鈴木はわしが逃した最大の魚や」

と河西は後々まで悔やんでいたという。だが河西にとってこのときの無念の思いが、翌年の江夏獲得に繋《つな》がってゆくから人生とはわからないものである。

江夏は言う。

「阪神は本当は鈴木を欲しかったわけだ。だけど佐川さんの意見で急遽《きゆうきよ》方針が変わった。鈴木も阪神に行きたかった。だけどもし阪神が鈴木を獲っていれば、高校出の左投手を二年続けて獲ることはない」

翌年はチームの編成上、右投手か、野手を獲ることになったはずである。鈴木を指名しなかったため、同じ高校出の左投手の江夏を翌年指名することができた。

この年の阪神の指名選手は次のようなものであった。

一位　石床幹雄・投手（土庄高）、二位　藤田平・遊撃手（市立和歌山商業）、三位　北角富士雄・投手（東邦高校）、四位　久野《ひさの》剛司《たかし》・投手（同志社大）と続き、九位まで指名している。九名中、スター選手となったのはただ一人だった。この選手については後に触れたい。

なお、ライバルの巨人は一位に甲府商業の堀内恒夫を指名した。堀内は入団一年目で16勝2敗、防御率1．39の成績を挙げて、新人王、防御率一位、沢村賞を獲得し、早くも巨人のエースにのし上がった。

粘り腰で球史に残る好打者獲得

この第一回のドラフト会議で河西は一位指名でこそ無念の涙を呑《の》んだが、球界を背負うスター選手を入団させている。

「スカウトは黒子に徹しろ」

というのが彼の信念だったが、河西には密かに注目している選手がいた。二位で指名した市立和歌山商業の藤田平遊撃手である。藤田は三年生の選抜大会で24打数10安打、打率.418を記録し、チームを準優勝に導いた俊足巧打の内野手だった。本塁打も1試合2本を打ち、二塁打も4本打っている。しかし彼の魅力は長打ではなく、ライトからレフトまで広角に打てるしなやかな打撃だった。甲子園では本塁打を打ったが、地方大会では外野や内野の間を抜けるヒットを打ち分けていた。本塁打は放物線を描く長距離打者特有のものではなく、ライナーで鋭い打球を飛ばし、それがフェンスを越えたものので、中距離打者が彼の本質だった。遊撃手として守備のフットワークもよく、バランスのとれた選手だった。

ただ懸念される点があった。藤田の体は一七六センチで、六四キロ。上背はあったが、体重が軽かった。細身なのである。大洋ホエールズの監督だった三原脩《おさむ》や南海のコーチ蔭山和夫も藤田の野球センスを買っていたが、体の線の細さを気にして、敬遠していた。だが河西だけは執拗《しつよう》に藤田を追い続けていた。

「体は細く、ひ弱かったが、それを上回る抜群の柔らかさとセンスを備えていた」

もう一つは藤田の膝の柔らかさだった。常々彼は口にしていた。

「野手で膝の固いのはあかん。どうにもならんわ。関節も固いからな。そうすると故障も多《おお》なる。ノーサンキューや」

だが藤田は、野球部の監督が明治大学の出身ということもあって、明治大学に進学を希望していた。すでに夏に大学で行われた一週間のセレクションも受け、入学が内定している状態だったから、まずプロ入りの可能性はない。何より藤田自身がプロ野球で通用するか不安を抱えていた。

「プロに行くには当然不安はありました。どれだけのものか計り知れなかった」

と藤田は言う。確かに関心を示したのは大洋、南海、阪神の三球団。だが大洋、南海は前述したように去って行った。むしろ東京六大学など大学側が関心を持ち、多くの大学が押しかけた。当然、藤田の気持ちは、プロより、大学へと固まる。それでも河西は諦めなかった。じつは彼はプロに入っても絶対に通用するという素質を見抜いていたのだが、それを他のスカウトには絶対明かさなかった。ドラフト会議当日、藤田を二位で指名したとき、一位の石床の時とは違った意味で会場は驚いた。強行指名に近かった。

河西は明治大学出身、それなのに明治大学志望の高校生を指名したから、母校の島岡吉郎《きちろう》監督は怒った。島岡は河西を捕まえて激しい口調で叱った。

「今後は出入り禁止だ！」

「河西も明治のＯＢのくせに何をするんや。今度東京に来たら、すまきにして海に放り込んだる！」

と脅すほどだった。じつは阪神は名遊撃手の吉田義男（後阪神監督）が年齢的にも衰えたので、急ぎ世代交代を進める必要があった。若い遊撃手を補強するのが球団としての方針である。それほどの重大補強でありながら、吉田の後釜として藤田にこだわったのは、何故《なぜ》なのか。河西は藤田の母親の体型を見て、今藤田は細い体をしているが、必ずがっちりとした体格になると予感したのである。

藤田の母親は、ころころとした体型で、腰も尻もがっちりしていた。河西はこれまでのスカウトの体験から、男の子は母親の体型になってゆくことを知っていた。運動能力はお母さんに一番関係する。お母さんが大きければ息子も必ず大きくなる。

「高校生を見るときは、母親のお尻を見ろ」

が河西のモットーである。今は痩せていても、いずれ大きくなることは母親のお尻が証明しているというのだ。交渉も粘り強かった。

後年、河西は「お母さんを取り込め」というのが口癖になるが、母親というのは監督や本人以上に交渉にあたって重要な存在だった。発言力もある。選手のお母さんが風邪を引くと、すぐに花束を持って行った。

河西は誠意を尽くして、藤田のセンスの良さを両親に説明した。そして入団にこぎつける。

藤田は入団当初こそ、細い選手だったが、次第にがっしりとした体格になり、下半身も筋肉がついて安定してきた。

入団一年目で全試合の半分ほど出場すると、二年目からはフル出場し、レギュラーに定着する。長く阪神の中軸打者として、毎年打撃ベストテン上位につらなるリーグ屈指の打者になった。昭和五十六年には巨人の篠塚利夫と猛烈な首位打者争いを繰り広げ、打率.358でタイトルを獲得、2000本安打も記録したが、とくにミートする才能は抜群で、イチローに破られるまで208打席連続無三振の日本記録保持者だった。通算2064安打、207本塁打と中距離打者として球史に残る選手となった。阪神タイガース生え抜きの野手では唯一の名球会入りの選手である。

後に藤田の活躍を見た三原脩は「獲っておけばよかった」と心底後悔したという。三原は、彼の体を見て、獲得を諦めた一人だったから、まさか藤田ががっしりした体になり、球界を代表する打者になるとは想像できなかったのである。〝魔術師〟三原にも見抜けない選手の将来性を見る目を河西は持っていた。

藤田のプロ入り後も、河西はよくグラウンドに顔を見せ、藤田と立ち話をした。河西はいつも笑顔だった。小柄で温厚な人で、よく冗談を言って笑わせるから、藤田は「本当にあの人は野球をしとったんかいな」と思うほどだった。その辺のおっさんみたいやなとも感じた。そのおっさんが逸材を次々と発掘するのだから、不思議な力を持った人に映った。

藤田は今、語っている。

「阪神の昭和六十年の優勝は河西さんのお陰でできたと思います。本当にいい選手を獲ってらっしゃったと思います。近鉄に移られてからも、いい選手を獲って、近鉄は優勝しました。河西さんがスカウトしていたのは大きいですね」

直感が獲得のポイント

河西は選手のプレーだけでなく、ユニフォームの着こなしや、身だしなみなども判断する材料にしていた。投手を見るときも一風変わった見方をしていた。

「僕は野手出身だから、フォームは何もわからんけど、プレート捌《さば》きとか、動作とかぴーんと来るものがあるんや」

それは第一印象で人を見抜くという企業のベテラン人事担当者の目にも似ていた。抽象的な判断材料になってしまうが、選手の持つ力量は、意外に本人の意識しない箇所に現れる。彼はキャッチボールで野手のセンスを見たし、ノックであればグラブ捌きのきれいさも評価の基準にした。

「第一印象や」

とよく若いスカウトに言っていた。だが何よりも河西を名スカウトたらしめたものは、人当たりが非常に柔らかく、人間的にも練れていたので、選手の両親や野球部の監督から「この人に預けたら大丈夫や」という信頼感を得ることができた点にある。技巧を弄しない、「関西のいいおっちゃん」という自分のありのままの姿を飾らずに相手に見せることで、相手から好感を持たれた。とくに女性は、言葉や理論に頼らずに直感で人を見抜く力が鋭い。どんなに美辞麗句を並べても、母親は、

「このおっちゃん、うちの子供のこと、嘘《うそ》言うとるか、ほんまのこと言うとるか、ようわかるで」

と内心では感じている。だが河西の場合は、全身全霊を傾けて相手にぶつかるから、選手の母親はすっかり河西の虜《とりこ》になった。交渉が難航したときも「結局、うちの母親が河西さんのファンになって折れてしまいました」というケースが多かった。河西ファンは、選手の母親に多かったのである。これを嫉妬して「カワさんは人たらしや」と冗談を言う他球団のスカウトもいたが、これは彼の技巧でなく自然体なのであった。

高松延次《のぶつぐ》という横浜ベイスターズの元スカウトがいる。彼は昭和三十四年に大洋ホエールズに捕手として入団したが、昭和四十二年からスカウトとなり、その後編成部長と

なって平成十六年まで務めた。担当は主に関西以西だったから河西とは旧知の間柄である。

高松は兵庫県の報徳学園高校時代、強打の捕手として知られていたが、阪神のスカウトだった河西がやって来たことがある。昭和三十三年の夏の県予選である。このとき彼は高松の父親に交渉したが、呆気《あっけ》なく断られている。高松がスカウトになったばかりの頃、河西は話しかけてきた。

「お前なあ、俺は君を獲りに行ったんや。親父はんにふられてなあ」

高松もその話は聞いていた。

「ですけど、親父は契約金がちょっと安いと言うとりましたで」

「そら、そうかなあ」

と河西は笑った。一方は新米のスカウトで他方はベテランスカウト、それがすぐに気さくに冗談を言える間柄になった。高松はこのとき感じた。

「関西のおじさんていう感じやな。どかーんというおっさんじゃない、三木のり平みたいな〝あれまあ〟〝ごはんですよーっ〟という感じやな。品もあるし、駄洒落も言うしな」

高松は以後五十年近く付き合うことになるが、河西が怒った姿を見たことがない。また他人が彼の悪口を言うのも一度も聞いたことがなかった。

河西の先輩格の佐川直行はこの頃渉外課長の地位にあり、東京以東を中心にスカウト活動をしていた。とくに昭和三十六年に藤本定義が監督になると、さらに頭角を現し、選手の交換トレードから監督交代劇まで発言力を持つ実力者になっていた。ことに彼は戸沢球団社長と仲がよかった。また戸沢も彼の意見をよく聞いた。そのため佐川が月に二回東京から大阪にやって来ると、「佐川が姿を見せたときは気をつけろ」とまで報道陣は緊張した。担当記者は球団社長よりも佐川を徹底的に追いかけた。一方河西は関西を中心に、地道に選手を見て回る日々が続いた。

ある同僚スカウトは言った。

「でも関西では河西さんのほうが存在感はずっと上でした」

河西の誠実さと温和さ、佐川の強引さと押しの強さ、まったく二人は対照的だった。当然、元スター選手の河西と、選手経験のない佐川とでは、選手の見方も違ってくる。それが再び、ある大物投手の獲得を巡ってぶつかり合うことになった。

当時の阪神のスカウトは言う。

「あの頃は河西さんと佐川さんはすったもんだやっていたね。どういうのかね、カワさんも同じような感覚で見てるのだろうけど、佐川さんと見る箇所が違うのかもしれないね」

昭和三十年代に村山実、小山正明の女房役だった山本哲也は、オールスターゲームにも二度出場した正捕手だった。小柄だが闘志を前面に出して、大物投手の二人を常によくリードした。彼はコーチを経て、昭和四十年代半ばに河西と六年ほど一緒にスカウトをやっていたことがある。本当にスカウトは難しいと実感した。その中で、河西が選手の家族や、監督の警戒心をといて、懐に入ってゆく姿に驚いた。

「どうしてこんなに相手の中に入れるのだろう。本当に上手いな」

と感じた。山本は選手、コーチの経験もあるからプレーそのものを見る目はあるつもりだった。この選手はいいか、悪いかの判断はできたが、スカウトの仕事はそれだけではなかった。河西と山本が一緒に見に行ったときのことである。

「これはいい！」

とリストアップしようとすると、河西は「ちょっと待っておけ」とストップをかけた。山本は捕手出身だから、投手の腕の振り、球の速さを重視して見たが、河西は足の使い方を見た。たとえば、どっちつかずの投手がいたときに彼の見方は生きた。球は速いのだが、コントロールがない。さて、これはプロに向くか向かないかというときに河西は即座に判断できた。プロで成功するか、しないかの見分け方は上手い、と山本は感じた。

河西は決して先輩面をしなかった。まだ新米スカウトの山本にも「哲ちゃん、こんにちは」と気さくに声をかける。一緒に選手を見に行くと「どこがよかったか、どこが悪

かった か」と必ず聞いた。山本も長年磨いてきた目があるから、自分の意見を言う。

「あの投手は腕の振りがよくないですよ」

河西は、うなずきながらも、やんわりと言った。

「そうかなあ。ワシはそう思わんけどなあ」

そう呟くと、自分なりの見方を山本に伝えるのだった。ああせい、こうせいと主張することなく、彼なりの助言をした。

「哲ちゃんは捕手出身や。ワシは野手出身や。捕手から見るのと野手から見るのとはやはり違う。だからワシも自分でいいと思っても、哲ちゃんに聞くこともあるからな」

確かに河西は自分でいいと思ったときも、山本に「あんたはどうや?」とよく聞いてきた。山本も遠慮せずに意見が言えたから、互いの考えをぶつけることでスカウト術を磨くことができた。だが、大物選手を獲るここ一番というときは、河西は強引に押し切って球団に自分の意見を通した。その一人が件《くだん》の大物投手だった。

大物左腕江夏を見出《みいだ》す

河西はすでに江夏が二年生のときから注目していたが、惹かれたのは何と言っても球の速さだった。ただコントロールは悪く、カーブも投げることができなかった。さらに試合での出来不出来の波が激しすぎた。要は気分屋なのである。しかも河西が近くから見ていると、わざと背を向けて外野へ走り出してしまう。

河西は江夏をどう見ていたのだろうか。じつは江夏は中学までは砲丸投げの選手だった。腕の曲がりが早く、ボールを押し出すようなフォームに見えた。そのためカーブは水平に少し曲がる程度で、縦の変化がなかった。そのような投手だったが、左腕の本格派であること、速さも一流であることで将来性を期待していた。これは河西独特の直感だった。

だが江夏はプロよりも東海大学への進学を希望し、ほぼ入学も決まっていた。そもそも彼自身プロ野球をよく知らなかった。阪神ファンでもない。知っている野球選手は、阪神の村山実、巨人の長嶋茂雄、王貞治、金田正一くらいだった。

「プロ野球は別世界、憧れだったからね。自分がプロに行くとは夢にも思わなかった。その程度の選手だったんだ」

江夏は回想するが、それでも諦めないのが河西だった。

「よそも欲しがるだけに、いい素質を持ってるわ。高校生にはめったに見られない重く速い球を持ってるな。なんと言ってもサウスポーというのが大きな利点や。順調に伸びれば阪神のエースになるやろ」

しかし、これに待ったをかけたのが、佐川だった。彼は江夏を高く評価しなかった。

「投手の体にしてはイカリ肩すぎる。それに担いで投げるのも、どうもひっかかる」

江夏が中学時代の砲丸投げのフォームを引きずっている点を指摘したのだ。将来のエースとして評価する河西と佐川の見解は対立した。佐川は最後に言った。

「江夏はもう一つだ。逸材ではない！」

だが、今回は河西は引き下がらなかった。さすがに河西の強い姿勢に、佐川は屈した。それは、前年石床を強行に一位に推してミソをつけたこともあったかもしれない。あのときは河西は、鈴木啓示を推しながら、佐川に屈した。あのときの悔しさの二の舞はもう演じられない。強い意志が、先輩の佐川に対して一歩も引かない態度に出ることができた理由だった。江夏が三年生になると、巨人、東映、阪急も獲得に名乗りをあげた。

阪神は河西の希望通り江夏を一位指名で行くことに決定した。九月五日に行われたドラフト会議では上記の四球団が一位指名したが、抽選で阪神の戸沢代表が当たりクジを引いて阪神が交渉権を獲得した。

このとき江夏は複雑な心境を吐露した。

「このままプロにとびこんでゆくのが、とてもこわいんです。進学したい気持ちは変わりません」

翌日の六日の午後七時に河西は江夏の自宅を訪れた。約一時間にわたって河西は、今のプロ野球の現状を熱心に説明し、いかに江夏が優れた投手かを説明した。当初は進学を希望していたものの、河西の熱意に気持ちはプロ入りへ傾きだした。江夏はプロに入ることへの不安などを打ち明けた。このとき彼は初めて河西と会って話をした。摑み所がない人物はよくいるが、河西は逆に摑み所がありすぎるスカウトというのが第一印象であった。江夏は言う。

「自分としては何でプロから声をかけてもらっているかよくわからない。その程度の、見識の低い自分だった」

その気持ちをプロ入りへと大きく変えたのは河西の一言だった。殺し文句と言ってもよかった。

「ワシは君のことを高校一年のときから見とったよ」

このとき江夏は、驚きもし、嬉しくもあった。自分のような投手を一年生のときから見てくれていたことはまったく知らなかった。確かに三年生になったらいくつもの球団が押しかけて来たが、まだ無名の一年生の自分をプロのスカウトが見ていてくれた、それほどまでに俺のことを思っていてくれた。彼の胸に静かな感動が広がった。

一方で河西は言った。

「悲観的な材料は何もなかったわ。本人の気持ちもだいぶプロ入りに傾いたようやな」

だが交渉はすんなりとはいかなかった。九月六日に第一回交渉を持ち、河西は好感触を摑んだものの、確かな返事をもらうことができないでいた。二十日たった九月二十六日にも正式な返事がない。やはり江夏は大学進学への希望が強かったのである。希望する条件面の差もあった。それを覆したのは佐川だった。

佐川は江夏を大阪駅前の「ベーカリー」という喫茶店に呼び出した。大人が入るような高級感のある店に、レインコートを羽織った刑事のような目つきの鋭い男が座っていた。それが佐川だった。彼は江夏を見ると、ちゃんとした挨拶もせずに、面と向かって言った。

「ワシは個人的にお前を欲しいとは思わん。戦力にもならんと思っとる。球団がどうしても欲しいというからワシが来ただけや」

口調も社交辞令という言い方ではなく、喧嘩《けんか》を売るようなべらんめえ口調だった。

この言葉に、江夏は激怒した。

「何だ、この馬鹿野郎は。それじゃプロでやってやろうやないか」

このとき江夏は阪神入団を決意した。

「じゃ決まった」

佐川はそれだけ言って帰って行った。このとき佐川の口車に乗せられたことに十八歳の彼は気づいていない。

江夏の阪神入団が決まったのは九月二十八日だった。契約金一千万、年俸百八十万という規定最高額（金額は推定）の評価だった。数年後、江夏は佐川の作戦に引っかかったことを知った。彼は苦笑して、「あのときは騙《だま》されましたわ」と佐川に冗談を言った。

佐川は、にやりと笑った。

「あれはワシの話術や。河西がお前にまともに行って、あんだけ誠意を持って交渉したところで、お前は絶対に行くとは言わなかった。ワシはスカウトの話術としてああいう接し方をしたんじゃ」

江夏は同じスカウトでも、ずいぶんタイプが違うものだと思った。

阪神には当時「三狸《さんだぬき》」と呼ばれる人物がいた。球団社長の戸沢一隆、スカウトの佐川直行、そして監督の藤本定義である。狸は見た目は可愛《かわい》いが、腹の中は黒い。だが江夏はこの三人には特別に可愛がられた。十八歳という年頃は、何かと世間の常識に反発したくなるときである。やんちゃな江夏であれば、なおさらだった。河西のように率直に来てくれと言われれば、逃げ回り、佐川のように仕方なしに獲るんだと言われれば、じゃあ入ったろうかという行動を取る。その心理をついたのが佐川だった。

江夏にとって河西の印象が深いのは入団してからである。彼はカーブを十分に投げられないままプロに入った。彼に言わせれば、高校、社会人、大学からプロ野球に入った何百人の投手の中で、カーブを投げられないで入団したのは俺一人ということになる。

江夏は言う。

「それがたまたまだよね。本当にたまたまプロで通用した。運がよかったんだね。力の世界だけど、力だけじゃ駄目だから。それは人間の人生と同じで、運というのが凄く作用する。運とは人間関係、いい人に巡りあえるか。そういう人たちにレールを敷かれてやってきた」

その人間関係のなかの一人に河西がいたわけだが、まだ十代の彼には河西の有り難さが理解できなかった。江夏は入団一年目、12勝13敗、防御率2．74という成績を残し、早くも大器としての片鱗《へんりん》を見せた。初勝利は四月の甲子園球場での広島戦だったが、2対1の完投で勝った。このときは、夜遊びでほとんど寝ていない状況でマウンドに立っての投球だった。その後彼が勝ち星を挙げると、河西は苦虫を嚙《か》み潰したような皺《しわ》だらけの顔で、にやっと笑って声をかけた。

「どや、また勝ったな」

あるいは、こうも言った。

「お袋さん、大事にしとるか。ちゃんとお袋さんのところに帰っているか」

だが、当時おぼこかった（ウブだった）江夏は、河西が話しかけようとすると逃げた。正直、「なんやこのおっさんは。うるさいな」という気持ちだった。スカウトと選手の付き合いだが、彼にとってみれば親しみや誠意を持たれると、照れや気の重さからほっといてくれという思いしかなかったのである。

この当時の江夏は夜遊びに行くことに忙しかった。自分をちやほやし、おだててくれる所には行くが、小言を言う大人からは逃げる。十九歳で、プロで活躍し、それなりにお金を貰っていれば、当然である。試合が終わると、すぐに北新地《きたしんち》へ繰り出しクラブに向かう。

江夏はオールスターゲームまでに7勝を挙げて、新人ながら監督推薦でオールスターゲームに選ばれた。だが、以後六十三日間、勝てなくなった。七連敗も喫した。いい投球をしても打線の援護に恵まれない。巨人の堀内恒夫と投げ合って延長10回まで0対0の試合もあった。この試合はともに本塁打を打たれて引き分けた。このときばかりは彼も弱気になった。

このとき辛抱強く声をかけたのが河西だった。球場に行く前、突然合宿所に現れて、

「どうやユタカ、元気でやっとるか」と気さくに声をかけてくれた。試合前のロッカーにも姿を現した。有頂天になったときは強いが、そこは高校を出たばかりの十九歳の青年である。いつもは河西の顔を見て逃げ出す江夏も、このときばかりは逃げる元気も失《う》せていた。彼は静かに河西の話を聞いた。

六十四日目、ついに江夏は勝利を挙げた。このとき彼は再び内心で思った。

「こら、ざまあ見やがれ、勝ったじゃないか」

再び有頂天になって遊びだした。十代の青年であれば、その心理の変化はしごく当然だろう。江夏は入団二年目に、25勝12敗で最多勝利投手賞に輝き、401奪三振の日本記録を樹立し、一流投手の仲間入りを果たした。昭和四十八年も最多勝利投手となり、

沢村賞、防御率一位各一回、その後リリーフに転向し、最優秀救援投手賞五回、MVP二回という輝かしい記録を残した。自分で本塁打を打ってノーヒット・ノーランの試合を決めたこともある。通算成績は206勝、193セーブ、リリーフに転向してからは〝優勝請負人〟と呼ばれた。先発にリリーフにこれほどの活躍をした投手は他にいない。

江夏は「スカウトは口約束ではなくやはり誠意だ」と語る。河西はそれを無骨に貫き通した人物だった。河西が近鉄バファローズに移ってからも、大阪ドーム（現京セラドーム大阪）で会ったりすると、江夏は常に教え子の立場で河西に接した。もし、河西に会うことが許されるのならば、と前置きをして彼は言った。

「今度はじっくり話をしてみたいし、聞いてみたい。いろんなことを教えてもらいたい」

と。自分も今の年恰好《としかっこう》になって、プロ野球というものが若干わかりかけてきた。それは表だけでなく裏の部分まで。だから裏方であるスカウトの話も聞いてみたいというのが率直な願望である。今でもスカウトは沢山いるが、現在はインターネット、スマートフォン-SNSなどいくらでも情報が入る時代である。だが河西が俺を獲得してくれたときはそうではなかった。汗をかいて自分の足で、自分の目で確かめて選手を発掘した。その中の一人が俺だった。

それはたとえば漢字を覚えるのと同じである。人から教えてもらって書き方を覚えるよりも、自分で辞書を広げ調べた字は決して忘れない。スカウトも同様だ。簡単にいくらでも情報が摑める時代になっても、河西のように体を酷使して、自分の目で確かめる。暑いときも寒いときも、気になったすべての選手を見る、これがスカウトの生命線でもある。河西とはそういう労苦を厭《いと》わないスカウトだった。

アメリカナイズされた趣味人

河西は昭和二十三年に結婚した。だが夫人のマサによれば、河西は自宅では一切野球の話をしなかった。一日五分も話したことはない。彼女が覚えているのは、阪急と試合をしたとき河西が本塁打を打った話である。生涯本塁打11本の彼は、めったに本塁打を打つことはなかった。

このとき阪急の監督が打たれた投手を叱った。

「河西に打たれるようではあかん」

その話だけである。家では黙っていることが多かった。あるときマサが相談事をしたとき、彼は返事をしなかった。彼女はもう一度同じことを聞いた。

「そこにいたのはあんただから、あんたの判断でええやないか。僕はそこにいないからわからんわ」

それが河西の返事だった。世間話もしなかった。常に外で神経を使う仕事ばかりしていたから、家では黙っていたかったのだろう。彼は家ではラジオで巨人戦を聴いているか、好きなジャズを聴いているかだった。明治大学時代からクラシック音楽とジャズが好きだったが、徹底したアメリカ好みだった。好きなテレビドラマは西部劇、海外のドラマも好んで見た。演歌は嫌い、マサが和服を着ようとすると嫌がった。あるとき、テレビで演歌が流れていた。若い女性の歌手だったが、河西は横目で一瞥《いちべつ》すると、呟いた。

「この子は音程の基礎がなってへんな。基礎のできていない人は嫌いや」

マサは言った。

「そんなのいちいち言っても歌謡曲の歌手やから、音程が悪いと言っても仕方ないでしょう」

「いや、声楽の基礎ができていないと、聴いておられんのや」

スカウトとしての彼は義理人情を重んじる関西の〝いいおっちゃん〟でありながら、私生活では日本的なものとは無縁だった。この相反する性質が河西の実像であった。

河西と親しかった高松は、球団が違っても、よく一緒に選手を見て回る仲だった。自由競争のときは、スカウトも単独行動が多かったが、ドラフト制度が始まると、他球団のスカウトも一緒に回るようになった。その中で親しかったのが、高松とヤクルトスワローズの片岡宏雄（後取締役編成部長）だった。

十一月のドラフト会議まで交渉はできないからスカウトたちは一緒に見に行く。大会や高校の練習など地方回りも一緒だった。ただ十月頃になると、互いに口もきかない状態になった。選手のリストアップの検討に入るからである。

このとき高松は河西の決断力の早さに感嘆した。河西は言った。

「高松ちゃん、当たるも八卦《はっけ》、当たらぬも八卦。なんぼ考えても外れるときは外れるよ」

ある選手をリストアップする。さて獲ろうか獲るまいか迷う。このとき河西が聞いた。

「何回見た？」

一位は誰が見てもいい選手だと思う。三位から五位の下位指名で獲ろうと思う選手は、長所もあれば欠点もある。そのため、判断に迷い三回も四回も、下手をすれば十回も見に行くことになる。結局見れば見るほど迷うことになる。河西は言った。

「惚れ込んでアバタもエクボ。ぽーんと決めて即決断や」

河西はどんなに時間がかかっても四回も見れば、ものになる、ならないを見極めた。あとは他のスカウトたちが必死で見ている姿を尻目に雑談ばかりしていた。彼はお目当ての選手が本塁打を打とうが、三振しようが、完封勝利を挙げようが、ノックアウトされようが、結果を見ていなかった。投手であれば9回すべてを見るとか、野手であれば5打席見るとかということはしなかった。河西は選手の素質を見ていた。肩がいいか、足が速いか、それだけだった。

結果にとらわれるスカウトは本塁打を打てば、さらに気になってまた見に行く。荒削りな選手も多いから、次の試合では3打席連続三振もする。スカウトはますます評価に迷いだす。決断ができないから、三度見に行くことになる。この堂々巡りをやってしまう。河西はその見極めが早かった。

高松は言う。

「どんな仕事も判断力と決断力です。判断しても決断力のない人は駄目。決断できなければばならない。スカウトだけじゃない。トップになる人はそういうものを持っている人です。そういうのを河西さんは身につけていた」

河西は、この能力を、自由競争の時代に揉《も》まれることで培った。ドラフト制度が始まってからは一年間じっくり時間をかけて選手を見て、評価を下すことができる。だが自由競争の場合は、早く選手の資質を判断して、即座に獲るか獲らないかを決めてしまわなければ、他球団に先に獲られてしまう。二年生のときよい選手だと思っても、三年生のときどうなっているかは誰にもわからない。それらも見越して獲るのであれば、すぐに動かなければならなかった。その意味で自由競争は過酷だった。そこで海千山千のスカウトたちと競って河西も磨かれてきたのだった。

その土台はやはり彼が、盗塁王として活躍したことにもあった。投手のモーションを盗み、スタートするかしないか瞬時に判断しなければならない。それができる選手が、盗塁で成功する。河西は、選手時代から判断と決断を迫られた状況で生き抜くことで、即断力を自然に体で覚えこんだのだった。

一方で神経質な部分もときに見せた。ある年、愛媛県新居浜《にいはま》市で社会人野球の四国大会が行われた。このとき続々と四国を担当するスカウトが新居浜市に繰り出した。気の合う仲間六人である。そこに河西もいた。だがその当時新居浜にはビジネスホテルがあまりなかった。駅前に一軒だけあったが、部屋数も少なく、二人ずつ相部屋で、ということになった。このとき河西が困った顔をした。高松が尋ねた。

「カワさん、どないしましたか？」

彼は額を指でかきながら、ばつが悪そうに洩らした。

「ワシは一人でないと寝られへんのや」

河西はホテルの玄関で、電話帳をめくると、「あった、ここや！」と一軒のビジネスホテルを探し出した。すぐに玄関口の公衆電話から、電話をかけた。

「シングルひとつ」

と言おうとした矢先、今いるホテルのフロントの電話が鳴って、ホテルマンが答えた。

「うちは部屋数が少ないので相部屋ですが」

フロントマンと河西の目があった。このときはお互いに苦笑するしかなかった。

独自の目

河西の目は野手を見るとき、とくに冴え渡った。体が小さくてプロでやるには厳しいと思う選手でも、彼の目は捉えて離さなかった。その代表格が阪神の藤田平で、背は一七〇センチ台だったが、むしろ中肉中背の均整のとれた体格をよしとした。そんな選手に共通した特質は、守備は動きが敏捷《びんしょう》で、打撃は勝負強く、肩と足がいいという点である。だがそこに河西なりの見方を加えれば、「ムード」「センス」「能動的なスター性」を持った選手であるという長所を必要とする。これは形になって現れるものではなく、きわめて抽象的なものだから、これを見抜くのは誰にでもできることではなかった。

河西がそれを感じた最たる選手が、後に獲得することになる阪神タイガースの本塁打王掛布雅之である。どのスカウトも、選手を見て、足が速い、球が速いなどの判断は、ある程度はできる。しかし、スター性がある、ないという雰囲気は、経験を積んで感性を磨くしかない。スカウトは、要領がわかるのに三年、選手に信用されるまで十年かかるという。それも選手を獲らなければ成長はない。自分が惚れ込んで、獲ってみる。失敗することもある。なぜ駄目だったか反省することから、スカウトの成長は始まる。三人獲得して、一人でも一軍枠二十八人に入ることができれば、まず成功である。いわゆる三割バッターとなれるのである。

高松は言う。

「ただ技術だけを見て、体固いし、肩も弱いし、これだめだと言うことはできる。だけどこいつはスター性を持っているぞというのは河西さんにしかわからない。これはある程度選手を獲ってかなり経験して見えてくるのであって、これは言葉では表せないし、人には教えられない」

河西も多くの選手を手がけ、失敗も成功も積んで、自分なりの独特の嗅覚、勘を研ぎ澄ましていったのだった。そのヒントを河西は呟いたことがあった。

「野球はスタイルだよ」

河西はグラウンドに行くと、まず選手のユニフォームの着こなしを見た。スタイルが悪ければ、どんなに動きがよくてもプロでは通用しない。見た瞬間に相手に圧倒される、という場面が野球にはある。そんなえも言われぬ雰囲気をかもし出す強さは、スタイルから生まれると信じていた。

「口では言い表せないものを摑む。ここが一番難しいんや。でも一番大事なんや」

彼の口癖だった。選手の性格を摑むというのもその一つである。二軍では活躍できても、一軍では力を発揮できない選手がいる。それを見極めるのだが、スカウトによっても捉え方が違う。この眼力の差が、ドラフト会議での、三位か四位か五位かの指名の違いになってくる。一位と二位はたいていどのスカウトが見ても評価は高い。だが五位で獲れる選手を過大評価して三位で指名したりするケースが出てくる。この違いが年間で見たときに戦力補強結果のプラス・マイナスの大きな差になって出てくる。三位で獲るべき選手、四位で獲るべき選手、五位で獲るべき選手、そこをきちんと見極めて獲ることがスカウトの腕の見せ所なのである。

河西はよく言っていた。

「獲ってあかんかったときに、反省する。何があかんかったか。それは経験していくうちにわかるようになる。上手く人には言えないけど。だから選手は獲れと。獲らなかったら後悔するから獲って勉強せえ」

獲った選手が監督と水が合わないこともある。水が合って使ってもらえることもある。十人獲れば、一人か二人はそういう選手もいるだろう。それがわかるのは経験によってだ。失敗も成功も、獲ることによってしか結果は見えてこない。河西は失敗の経験も重ねて、選手の内面まで見抜くようになったのである。

判断力と言えば河西の麻雀である。彼はパチンコも競馬も好きだった。有馬記念ではだいぶ馬券を買ったが、あまり勝ったことはなかった。麻雀は、牌《パイ》を取ってから考える人、握ったらすぐに動かす人、タイプがいろいろあるが、河西は正直だった。スカウト仲間で麻雀をする。テンパイしたとき、

「ちょっと待ってや」

と必ず言った。

「おいおいカワさん、見えちゃうで」

誰かが冷やかす。

「どうしてお前わかるんや」

と河西が尋ねる。彼はテンパイしたときに自分の牌をじっと見ているから、周りにもわかってしまうのである。他のメンバーはテンパイしてても知らんふりをしている。嘘もつく。このとき河西は怒った。

「お前ら、悪いやっちゃな」

一緒にいたスカウトは言った。

「麻雀では勝負強い人が勝っている。勝負弱い人は当然負けが多い。判断力と決断力は自分の生まれつきのものではなく、訓練すればある程度まで身につく。が、勝負強さ・弱さは持って生まれたもの。カワさんは強いほうじゃなかったね」

しかし河西のスカウト力評価は「スッポンの河西」「人たらしの河西」との異名を取り、難航する相手をことごとく入団させてしまうのだから、その勝負強さには驚かされるばかりである。勝負弱さを克服したのは、やはり彼の誠意と温かい人間性だった。彼は決断力と判断力を血の滲《にじ》むような思いで身につけた努力型のスカウトなのである。

昭和四十年代の前半は、スピードガンはなかった。選手の肩の強さを判断するには、タイミングを計って、捕って、投げてと、それを自分の目で確かめるしかなかった。昭和五十年代になってスピードガンが普及しても、河西はあまり見ようとしなかった。

「あいつスローイング速いわ、でいいじゃないか。参考にするのはええけど、当てにしたらスカウトはいらんわ」

甲子園球場へ行くと、帰りは必ず梅田《うめだ》まで出てパチンコをする。自宅は甲子園球場の近くだから、わざわざパチンコをするために家の前を通過することになる。ふだんは青いジャンパーを着ていたが、ズボンには煙草のこげ跡があった。パチンコに熱中して、煙草の灰をズボンに落としてしまうからだ。それほど野球以外のことには無頓着だった。

第４章　掘り出し物を次々と獲得

「川藤君、絶対投げたらあかんぞ」

河西はよく知人にぼやいていた。

「一年になんぼ革靴を潰したことか」

現在のようにパソコンやインターネットもなく、情報機器も情報網も少なかった時代である。スカウトの真髄は足を使って選手を探すことだった。それは河西も佐川も同じだった。佐川は足を使って小豆島の石床を発掘したわけである。石床こそ怪我に泣き大成しなかったが、佐川も年間に何足も靴を潰して名選手を探したことは河西と同様だった。

獲得した選手にも、当初から、佐川派と河西派という色分けがあったらしい。

二人の選手を見る目の違い、個性が出て、自然に色分けされる形になったのである。

佐川は後に法政大学のスター捕手である田淵幸一を入団させるが、この頃の河西の目についた選手は小柄でも俊足巧打のいぶし銀が多かった。

昭和四十二年、ドラフト九位に掘り出し物があった。福井県立若狭《わかさ》高校の投手、川藤幸三である。彼は三年生の春と夏、甲子園に出場している。投手で三番、四番を打つ投打の主力だった。甲子園では一回戦で負けたが、北陸随一の投手と呼ばれた。

川藤は、球の速さには定評があったが、制球力がなかった。それだけに力任せに投げる本格派投手として荒削りの魅力があった。彼は事前にスカウトとの接点もなかったので、高校を卒業したら社会人か大学に進学して野球をやろうと考えていた。スカウトも熱心には来なかったが、一人のプロ関係者が川藤の姿を見つめていた。阪神の二軍の投手コーチであった渡辺省三（後スカウト）である。ちょうど阪神の球団社長の戸沢一隆と東京スタジアム（大毎オリオンズ本拠地）の副社長が、若狭高校の卒業生であり、母校に面白い選手がいるという情報を摑んだ。そこで渡辺を見に行かせたのである。

渡辺が福井県予選の試合を見に行ったとき、川藤はライトフェンス直撃の二塁打を打った。ライトに狙い澄ました、外野手が一歩も動けない鋭いライナーだった。通常は当たりが良すぎて、シングルヒットのはずだったが、川藤はライトの守備がもたつく姿を見ると、一気に二塁に走った。地面を滑るように走る姿は、まさに韋駄天だった。走る距離が増すごとに、速度は上がった。とっさの判断力もよい。動物的な勘のよさだった。

川藤は一気に二塁に滑り込んだ。このとき渡辺は「バッターとして面白いんじゃないか」と感じた。ただ体が一七三センチ、六四キロといかにも小柄だった。プロ選手としては小さすぎるのではと懸念された。

この話が河西に伝わり、彼も見に行くことになった。彼の目にも川藤は、打撃、足、肩と光るセンスを感じさせた。従来、河西は野手にするなら、体は小さくても、膝の柔らかさ、体全体の柔軟性があれば通用するという考えの持ち主である。しかも川藤は福井県予選の決勝で、満塁本塁打を打ったから、やはりチャンスに強い勝負強さには天与の素質があった。このようなときの河西の決断は早い。スカウトのいる前で活躍できるかどうかも実力の判断材料である。河西は彼の豪快なパンチ力を見て、叫んだ。

「あの子、ええで！」

ただし、ドラフト会議まで、両親や高校の監督に挨拶するなど事前の接触は一切なかった。球団としても指名すべきか見送るか、最後まで議論が繰り返されたのだろう。

もちろん川藤もプロが自分に注目していることなど知る由もない。阪神から指名があったのを知ったのは、ドラフト会議当日、隣の家の人がラジオを聞いて駆け込んできたからである。

ドラフト九位、阪神の指名だった。だがプロから指名されたという嬉しさより、自分のような体の小さい者が通用するはずはないという不安のほうが強かった。このとき交渉に姿を見せたのが河西だった。川藤家に初めて来たプロ野球球団関係者である。彼は内野手として獲得したいと言った。川藤は内野など守った経験もなかった。経験のない守備位置で自分をプロ野球選手にしようとしている。それにもかなり驚いた。川藤は小柄な中年の男に率直に聞いた。

「ワシみたいな小柄な田舎者がほんまにプロでやってゆけるんですか。なぜワシみたいなもんがいるんですか」

河西は語気の強さに一瞬驚いたが、太い眉を上下させて、柔和な顔になった。

「あのなあ、体の大きい奴《やつ》は皆ウドの大木で、鈍いんやで。巨人の土井（正三）にしても柴田（勲《いさお》）にしてもそんなに大きゅうないやないか」

河西は、噛んで含めるように一人一人ゆっくりと名前を挙げていった。阪急ブレーブスでダイヤモンドグラブ賞（現ゴールデングラブ賞）を取った外野手の大熊忠義、阪急の名遊撃手で四年連続ベストナインに選ばれ、盗塁王にも輝いた阪本敏三、毎日（大毎）オリオンズで二年連続打点王を取って、五回オールスターゲームに出場した葛城《かつらぎ》隆雄、彼らは華やかな大スターではないが、チームには欠かせない実力派の名手だった。

「今、一軍で活躍しとんのは皆一七五、六の選手ばっかりや」

一つ一つ河西に事例を挙げられて、川藤の気持ちも少しずつほぐれてきた。表情の硬さが取れかけたとき、河西はすかさず目を見据えてはっきりと言った。

「お前は俊敏やし、肩も強いんやから、野手として十分にプロでやってゆける」

川藤が河西の顔を見つめると、河西は無言で何度もうなずいた。このとき川藤の不安が払拭された。さらに河西は静かに言った。

「お前は体は小さいけど、やり方次第で絶対に一番、二番打者になれるんやから、野手でしっかりやれ」

そして、

「どこでどういうふうになるかわからんのがプロやから」

とも勇気づけた。

川藤は入団を決意した。彼は高校生だから、交渉役は父親が務めた。だがプロからの話が夢のようだった彼にとって、河西の説得は何としてもプロに入ってやってみいと思わせるものだった。川藤は父親に言った。

「父ちゃん、絶対に金のことなんか言うなよ。給料いうもんはええ加減なものやから、下手したら入れてもらえへんぞ。だから名前書くところと印鑑捺《お》すところだけ聞いとけや」

彼の契約金は五百万、月給は七万（金額は推定）だった。入団が決まったとき、河西は彼にこっそりと耳打ちした。

「ええか、キャンプに行って、監督から〝ピッチャーをやれ〟とか、〝いっぺん投げてみい〟とか言われても絶対に投げたらあかんぞ」

川藤の入団は投手として、となっている。それを知った上での助言だった。河西の判断は、彼は野手としてならものになる、投手としてプロに入れば通用しないという判断だった。それは当たった。川藤は投手への未練を絶って、野手一本で生きた。五年間はほとんど二軍暮らしだったが、持ち味の足と肩を生かして一軍に台頭してきた。

川藤は言う。

「投手しとったら五百勝しとったかもわからんが、こればっかしはわからん。ワシにとってはピッチャーせんでよかったということで、今があるわけやから、それがすべてですわ」

昭和四十九年四月二十八日の広島戦では、ヒットで出た彼はすぐに二盗に成功した。ところが、そのまま続けて三盗を試みて走り出し、三塁ベースの二メートル手前でタッチアウトになってしまった。暴走と言えばそうだが、闘志剝《む》き出しの姿勢に、たちまちファンが虜になった。前年の巨人戦では1試合3本の内野安打を打ったこともある。

金田《かなだ》正泰監督（当時）は、

「あいつ調子に乗り出すと何をやらかすかわかりゃしないよ。右を向けと言ったら、なにがなんでも右を向く。状況判断もあったもんやない。でも、あれでいい男なんだ」

シーズン当初は盗塁数でトップに立ったこともある。この年、リーグの最多犠打(20)、チーム最多盗塁（9）を記録した。ベース一周13秒8の俊足はアキレス腱《けん》断裂で失ってしまったが、以後代打に徹し、昭和五十五年、五十六年は三割を超える成績を残した。打席数が少なく、大事な場面で出て来る代打は二割五分を打てば合格点とされる。その中での彼の成績はいかに好機に強い打者だったかを物語っている。

昭和五十八年のオフに、川藤は引退を勧告されたが、「給料はなんぼでもいいから野球を続けさせてくれ」と頼み込み、年俸は六〇パーセントダウンの四百八十万円（推定）になったが、野球を続けた。

「浪花《なにわ》の春団治《はるだんじ》」

とファンから親しまれたゆえんである。翌シーズンの昭和五十九年六月四日、この年の最多勝投手遠藤一彦（横浜大洋）から延長十回に彼の決め球のフォークボールをレフトスタンドに叩き込むサヨナラ本塁打を打ったり、昭和六十一年八月三十日、巨人の角《すみ》盈男《みつお》から同点本塁打を打ちもした。この年はオールスターゲームにも選ばれ、近鉄バファローズの小野和義から左中間にヒットを放っている。勝負強くて華のある、記憶に残る選手の代表格である。掛布雅之、岡田彰布《あきのぶ》、真弓明信らと同格の人気選手として、昭和六十年の阪神タイガースの日本一も経験することができた。

川藤にとっての河西の思い出は、まだ選手としては芽が出ずに、二軍暮らしが続いているときのことだ。ときどき二軍の試合に姿を見せると、河西は声をかけた。試合前になると、

「お前、上達しとることは聞いとるで」

とおだてる。

「ちょっと見とったけど、前よりも、全然動きが違ってきとるやないか」

と褒めてくれた。それが二軍生活の続く川藤の何よりの励みになった。河西は彼に囁《ささや》くのだった。

「ええか、絶対にプロでやれるんやからな」

川藤はそのときの河西の目の奥にある優しい輝きを今でも覚えている。

「今、球界でメシを食わしてもらっているのも、その礎は誰かと言うたらそりゃ河西さんや。プロへの第一歩は、これは死ぬまでワシは忘れることはできないよ。感謝しますわ」

人情家にしてリアリストの合理主義者

選手にとって河西の思い出は、むしろ入団した後の面倒見のよさや、温かい励ましにあるようだ。彼らが未《いま》だに河西を「親父のような存在」と慕うのも道理である。

河西は、あるとき部下のスカウトにしんみりと語ったことがある。ある高校のグラウンドの塀に凭《もた》れながら、ネット裏で、お目当ての選手の練習試合を見ているときだった。右手の親指と人差し指の二本で短くなった煙草を挟んで吹かしながら、試合の光景を遠くにぼんやりと眺めていた。このときある別の高校生のことを思い出した。

その選手は、学校の成績も良かったし、家庭も大学に進学させる経済力がありながら、強く説得してプロ入りさせたのだった。彼は結局、活躍できないまま球界を去った。あのとき本当に悪いことをしたな、残念なことをしたなという悔いに苛《さいな》まれる。

「痛切に思うのは、しまった、大学に行かせてやればよかったで、正直これが一番堪《こた》えるわ」

選手がプロを辞めた後、街で偶然に出会ったときに自分にどんな表情を見せるだろうかと河西は思いを巡らす。笑いか涙か、怒りか恨みか、想像はできない。

そのことは彼の家族も知っていた。あまり家では話さなかった河西が話したのだから、よほど辛い気持ちがあったのだろう。夫人のマサは語る。

「ある選手を無理にプロに入れて、後で後悔したということも聞きました。大学進学が決まっていたのに、入団させてしまって……。何年かで辞めたという話を聞きました。年間何人もプロに入れるので、中には恨んでいる人もいると思います」

本人にはおいしいことを言って入団させながら、何年か後には同じポジションの選手を獲得しなければならないスカウトの宿命。より強いチームを作るためにはそれも仕方のないことだった。

河西は家ではジャズを聴く他に、推理小説、時代小説も好んで読んだ。松本清張《まつもとせいちょう》、藤沢周平《ふじさわしゅうへい》の作品が好きだった。外では神経を酷使するから、ただ純粋に楽しみ、作品の世界に没頭するようにしていたのだった。

　河西を名スカウトたらしめたのは、人情家であることと同時に、正反対のリアルな合理主義を持っていた点にもある。彼の情にほだされて入団する選手も多かったが、その一方にある、人間は根本ではお金で転ぶものだという現実認識である。

　たとえば入団交渉が上手く行き、正式に契約する運びとなった。そこで厄介な問題が持ち上がる。お金である。契約金、年俸の大筋で選手側も合意したが、そこでひと波瀾《はらん》が起きる。ある選手Ａが年俸一千万円で契約しようとした。ところがＡと知り合いの選手Ｂが一千百万円で契約したという情報を摑んだ。その差額が十万円でも、極端な場合十円という金額でもよい。この差が大きな問題になる。

「なぜあの子よりもうちの子が安いのか」

　親や関係者は主張し始めるのである。希望は、自分が十円でも高い金額で契約することである。それは傍《はた》から見れば、どうでもよい些細《ささい》な事項である。だが当人たちにとっては、のっぴきならない大問題になるのである。いかにお金が人の心を乱し、正常な思考を失わせてしまうかの最たる例がここにある。河西も交渉を重ねてゆくうち、人間の金に対する執着の深さを体験し、人間の業を実感した。それが浅薄な人情家ではない、人間の業にも到《いた》りえた、清濁併せ呑んだ重層的な人情スカウトを生みだしたのである。

人情味と誠実さと、一方では対極の人間の強欲を知った上で、それでも人間の美しさ、誠意、良心を信じようとするスカウトが河西だった。

ここにもう一人、河西と親しかったスカウトに片岡宏雄がいる。ヤクルトスワローズで三十年以上にわたってスカウトを務め、若松勉、尾花高夫、池山隆寛、古田敦也、石井一久、宮本慎也、岩村明憲など多くのスター選手を獲得した。

片岡は、今のスカウトはふつうのサラリーマンだと喝破する。ドラフト制度が定着した今、新聞を見れば選手のランクがAとかBとか出ている。それを見ていれば判断できる。ただ順番どおりに獲ってゆくだけである。球団に相談するとすれば、チーム力のバランスを検討の材料に入れる程度である。これだけ情報手段が発達すれば、洩れることはない。

ある日、河西が選手を見に行ったとき、片岡がやって来た。

「カワさん、どうですか、この選手？」

片岡が尋ねると、河西は「ああ、あかんわ」と手を振った。

「見るだけ時間の無駄や」

「そうですか」

片岡は河西の言葉を信じた。ところがその選手を河西が獲得したこともあった。別の年、今度は片岡がある選手を見ている。河西がやって来る。

河西が半信半疑でその選手をじっくり見ている。確かに片岡の言うとおりである。これではプロでは通用しない。だが片岡の視線はその選手には向いていない。もう一人の別の選手を見ている。河西は、気づかずに「じゃ、わし帰るわ」と席を立つ。片岡は、彼が帰った後、じっくりとその選手を見て、獲得したこともあった。

そんな遊び心も余裕もあるときだった。そして〝隠し球〟も獲れた時代だった。今はスカウトにとっても冒険ができないから楽しみがない。厳しかったがスカウトが手柄を立てることができたのは、やはり自由競争の時代だった。

片岡は言う。

「時代としては僕らの頃が一番よかった。野球もよかった時代だね。その一番よいときに生きて、力を発揮できた人がカワさんですね。行動力、信念も持っていたし、スカウトらしい人だった」

彼は河西のことを「スカウトとして〝名《めい》〟のつく最後の人」とも言った。

河西は強引に入団させることは好まなかった。「スッポンの河西」と言われるように徐々に選手に喰らいついて、選手の懐へ入って、心をときほぐしてゆくのが戦法だった。

「そうか、あかんか」

「止《や》めといたほうがいいですよ」

「どや、ええか?」

しかし佐川は違っていた。とにかく強引に交渉を進める。寝技も厭わない。その最たるものが田淵幸一の場合だった。

強行指名と大学日本一投手の獲得

昭和四十三年のドラフト会議は、大学、社会人球界の大物が一堂に会した年だった。法政大学の田淵幸一、山本浩司（後広島）、明治大学の星野仙一（後中日）、近畿大学の有藤通世《ありとうみちよ》（後ロッテ）、社会人野球には富士製鉄釜石《かまいし》の山田久志（後阪急）、松下電器の加藤秀司（後阪急）などの選手たちがいた。

彼らのすべてがタイトルホルダーになったりベストナインに選ばれるなど一流選手として活躍した。また箕島《みのしま》高校には後に西武ライオンズのエースとなる東尾修もいた。さてこの中で熱烈に巨人を志望していたのが田淵幸一と星野仙一である。田淵は東京六大学新記録の通算22本塁打（当時）を打ち、身長は一八六センチ、体重が八〇キロと体格も捕手として理想的だった。即戦力の大型捕手は各球団とも喉から手が出るほど欲しかったが、彼は巨人と相思相愛だった。早くから巨人以外には行かないと表明していた。

「僕の行きたい球団は巨人。もし巨人以外の球団に指名されたらプロには行きません」

社会人野球に進んで、巨人に指名されるまで待つというのである。

さてドラフト会議の指名順位を決める予備抽選では一番東映、二番広島、三番阪神、四番南海、五番サンケイ（現ヤクルト）、六番東京（現千葉ロッテ）、七番近鉄、八番巨人……の順番だった。一時間後、本指名が行われたが、東映は大橋穣《ゆたか》を指名、広島は山本浩司を指名といずれも田淵を避けた。当然阪神も田淵を回避するだろうと思われた矢先、突然強行指名したのである。これには他球団も驚いた。あれだけ巨人以外には行かないと言った彼を指名するのは無謀に思ったからである。阪神の球団社長戸沢一隆は指名に反対したが、佐川が強引に指名を主張した。

「巨人と話がついているというなら見逃せませんね。指名しましょう。口説き落とす自信はあります」

佐川は昭和三十三年、早稲田実業の王貞治をほぼ入団確実というところまで追い込みながら、巨人に奪われたという苦い過去があった。彼は自分の意地を賭けて、今度は巨人から大物選手を奪いたかったのである。スカウト生命を賭けると公言した佐川は、とうとう田淵を口説いて阪神に入団させてしまったのだった。巨人への三角トレード（いったん阪神に入団させ、巨人へトレード）も噂されたが、とにかく田淵は入団し、本塁打王にも輝くスター選手になった。

河西と佐川の評価が一致したのは、昭和四十四年の東海大学の投手、上田二朗のときだった。上田は四年生のとき全日本大学野球選手権で東京六大学や東都大学リーグの優勝チームを破って、大学日本一の投手になった。ノーヒット・ノーラン、1試合17奪三振二回、四年間の通算成績は39勝5敗と傑出したものだった。首都大学リーグの最高殊勲選手、最優秀投手にそれぞれ四回ずつ選ばれている。アンダースローから繰り出される力強い投球は、即戦力として十分な素材だった。

河西が評価したのは、綿密で正確なコントロールと大胆なプレート度胸だった。さらに速球に伸びがあった点だった。

彼は「プロにうってつけ」と判断し、一位指名を押し通した。もっとも阪神は、この夏の甲子園大会決勝戦で延長18回を投げぬいた三沢《みさわ》高校の太田幸司を指名するものと見られていた。太田は日本人離れした甘いマスクで女性ファンに人気のある国民的なスター投手である。今すぐプロでは通用しないが将来性はある。球団としては捨てがたい逸材だった。それとも実力のある選手を獲るかで球団は二分した。

だが河西は上田の指名にこだわった。意見が二分したとき、監督に就任した村山実が言った。

「勝負の世界では勝ち運を持ったものでなければだめや」

そのとき、日本一に二度もなったという上田の勝ち運が決め手になった。太田は甲子園で活躍したが、決勝戦で負けている。日本人の判官びいきゆえ、多くのファンが彼の投球に涙した。だが勝ち運では上田の実績には遠く及ばない。

ドラフト会議の翌日に河西と佐川は上田と銀座で会い、三人で食事に出かけている。

当時のスポーツ新聞は、上田を真ん中に、左に河西、右に佐川がいてにこやかに談笑して歩く光景を掲載している。河西はコートを脱いで左手に掛け、背広姿で、学生服姿の上田に懸命に話しかけている。佐川も笑いながら、二人の話に聞き入っているが、佐川はハンチングを被り、襟を立てたコートを着たままで両手をポケットに突っ込んで歩いている。それも粋である。誠実さと粋、二人のスカウトの対照的な姿を表している。

上田については佐川も「来年10勝以上を期待できる」と、評価が一致した。もっとも上田はてっきり太田が一位指名されるものだと思い込んでいたから、驚くばかりだった。

太田幸司は近鉄にドラフト一位指名されたが、彼のファンは阪神に入団すると信じていたから、上田は太田ファンから酷《ひど》いバッシングを受けた。それを撥《は》ね除《の》けるには成績を挙げるしかなかった。

河西は上田に会ったとき、気持ちを解きほぐそうと語りかけた。

「村山監督の勝ち星の分を君にがんばってもらうつもりでいるよ」

阪神のエース村山実は、来季から投手兼任の監督になることが決まっていた。これまでのように投手として活躍することは困難だから、「実質的なエースは君だよ」と暗に仄《ほの》めかした言葉だった。温厚で聞き上手の河西は常に上田に話をさせてくれたため、彼も河西の中に入ってゆくことができた。河西はそのときポイントを絞った助言も欠かさなかった。

河西は常に、一芸に秀でている選手をスカウトすると上田に語っていた。

「特徴のない選手は大きく育つ要素がなくて、枝葉でしかないからドラフトの上位には挙げない」

というのが河西の信念だった。その点上田は、下手投げながら力強い速球と、抜群の制球力が武器のアクセントのある選手だった。

上田は、一年目に先発ローテーションに入り、27試合に登板して9勝（8敗）を挙げた。

これでようやくバッシングから解放された。以後10勝前後を確実に挙げる投手として活躍したが、とくに速球のキレとカーブの制球力がよく、中日ドラゴンズ戦には滅法強かった。昭和四十八年には22勝14敗、防御率2.23の成績を残し、24勝を挙げた江夏豊とともに最終試合まで巨人と優勝争いを繰り広げる原動力になった。

彼がプロで活躍するようになって、勝利投手になったときや、成績が悪く落ち込んでいるときは、必ず河西から電話が掛かってきた。負けが続くときは助言もしてくれた。その電話のタイミングが絶妙だった。ちょうど勝ったそのとき、負けて落ち込んでいるそのときに電話が鳴る。

「お前の調子が悪くなるときは、投げ急いだりフォームのタイミングが早くなるので、チェックせんとあかんな」

学生時代から上田の投球を見ているから、言える言葉だった。ある日、上田は河西の眉毛がとても伸びているのに気がついた。もともと河西の眉は太くて厚い。彼の人柄の良さを特徴づける眉だ。だが彼も忙しかったのだろう、長さが揃っていなかった。

上田はこっそりと言った。

「長く伸びてるから、揃えはったらどうですか」

「何を言うか。この眉毛の一本一本は俺の子供たちや」

上田は意味がわからず怪訝《けげん》な顔をした。

「眉毛の伸びがドラフトで獲得した選手の成長や」

そう呟くと、笑みを洩らした。

「だから選手の成長を摘むようで切れんのや」

上田は、納得したようなしないような気持ちだったが、獲得した選手に対するそこまでの思いの深さに感銘を受け、頑張らなければと思った。河西の顔で、最初に目につくのは濃く太い眉である。そこに選手の視線が行くのは間違いない。また後年河西を思い出すとしたら、この眉の太さを鮮明な記憶として振り返るはずだ。だから眉毛の一本一本に選手から自分への思慕の思いが伝わっている。河西は自分を印象づける眉毛を、一本もおろそかにしなかったのだった。

河西と佐川というチーム双璧のスカウトの力で、基盤が構築され、今のチームのスカウトに受け継がれている。彼らの教えが阪神の礎になり、強い阪神が復活した。そこにこの二人の働きがあったことは見逃せない。

上田は現役引退後、一軍コーチやフロントの要職を務めた。上田の自宅と河西の家は近い。河西は、よく散歩がてら上田の自宅の呼び鈴を鳴らして、「どや元気か」と話しかけた。

将来の幹部候補生と見込んで

昭和四十六年のドラフト会議のいの一番の注目株が山本和行だった。彼は亜細亜《アジア》大学で二年生からエースを務め、33勝（東都大学リーグ歴代六位）、防御率1．82の成績を挙げた。全日本大学選手権では東京六大学優勝の法政大学を破って日本一になった。四年生のときは、東都大学リーグの一シーズン奪三振記録（当時70個）を達成、最高殊勲選手、最優秀選手、ベストナインと賞を独占した。とくに左腕から繰り出す内角低目の速球には誰も手が出ないほどだった。制球力、球のキレから、「完成された大学一のサウスポー」というのが彼の称号だった。山本は十二球団が注目したが、彼の希望は「セ・リーグで巨人を倒せるところだったらいい」というスタンスだった。それには彼が東都大学でプレーしていた経験が影響している。戦国東都と呼ばれ、強豪大学が二部、三部にわたってしのぎを削るが、人気は東京六大学には及ばない。東京六大学への敵対心が、大学選手権で法政大学に勝つ要因にもなった。

「セ・リーグ（東京六大学）とパ・リーグ（東都大学）みたいなものですね。プロ野球では王さんが現役ばりばりでしたから、強い選手と対戦したかった。強いものに反発するほうでしたからね」

このとき巨人は七年連続日本一の時代だった。山本が巨人に対して闘志を燃やすのは当然だった。

ドラフト当日、阪神は予備抽選の順位に恵まれて二番目だった。一番目のロッテが社会人投手を指名したので、二番目の阪神は山本を難なく指名できた。

この頃になると佐川直行は阪神を去り、河西を中心として、櫟信平、山本哲也、小鶴誠、藤村隆男らのスカウト体制になっていた。後に藤村に代わって渡辺省三が入った。

山本和行と河西の最初の出会いはドラフト会議後の指名挨拶だった。スカウトからの打診はすべて亜大監督の矢野祐弘の所に来ており、山本には知らせなかったから河西との接点はそれまでなかったのだ。

河西は矢野監督の自宅のある武蔵野《むさしの》市までやって来た。それが初めての出会いだった。山本も阪神に一位指名されたときは驚いたが「巨人以外のセ・リーグ」という希望だったので、交渉はスムーズに行った。このとき彼は「トータルとして自分を評価してくれた」河西の目を感じたという。すぐには活躍できなくても、将来必ず勝てるようになると河西も見ていた。

ただ入団して三年間は思ったように勝てなかった。いろいろと非難もされた。辛い思いもした。だがリリーフに転向して、目から鱗《うろこ》が落ちたように結果を残すことができるようになった。

同じ左腕、同じ東都大学という点で、駒沢大学の投手杉山重雄も注目されていた。球のキレは山本が優れていたが、杉山も四年生のとき春夏連続で7勝を挙げた実力派だった。球団によっては、杉山を高く評価する意見もあったが、河西は山本を買った。

杉山はヤクルトにドラフト一位で指名され入団したが、実働三年で1勝2敗で終わった。

山本は、入団五年目（昭和五十一年）から主にリリーフで投げるようになり、この年6勝18セーブを挙げて、中日の鈴木孝政と並んで、セ・リーグを代表するストッパーになった。昭和五十二年は9勝9セーブで最多セーブ投手となった。その後先発に戻り、15勝（昭和五十五年）を挙げ、またリリーフに戻ると昭和五十七年は15勝26セーブで最優秀救援投手となり、救援勝利と合わせた40セーブポイントは日本新記録（当時）だった。昭和五十九年には二度目の最優秀救援投手にも輝いた。７００試合登板は阪神では歴代一位、先発でもリリーフでも結果を残した、阪神の歴史に残る名投手だ。

山本は、杉山よりも自分を評価してくれる河西の目があったればこそと推測している。

だが彼は河西の腕の見せ所はドラフト一位、二位ではなく、下位指名の三位以下ではなかったかとも考えている。各スカウトの評価の基準が分かれる下位指名にこそ、河西の凄さが出るのではないかというのである。

「この選手を、となったときにその潜在力を見抜く力がスカウトの力量だと思うんです。あまり有名じゃない、そこそこだけど指名する。河西さんは心意気があるから、むつかしい状況でも必ず獲っていたように思います」

その最たる例が、後にミスタータイガースと呼ばれる掛布雅之である。阪神タイガースは、巨人の九年連続日本一の偉業に隠れてはいるが、常に対抗馬であり続けた。とくに九連覇を達成した昭和四十八年は、最終試合まで優勝決定がもつれ込む激戦を繰り広げた。僅か0．5ゲーム差で優勝を逃したが、この原動力になったのは、24勝を挙げた江夏豊、22勝を挙げた上田二朗、打者では．281（リーグ七位）を打った藤田平など、河西がドラフトで獲得した選手ばかりである（本塁打37本を打った田淵幸一は佐川が獲得）。トレードによる戦力補強でなく、新人を発掘し、育て、一流選手として巣立たせる。そこにスカウトの優れた人材発掘の醍醐味《だいごみ》がある。

以後も、いつも巨人を脅かしたのは阪神だった。昭和五十一年も長嶋巨人に最後まで喰らいついたが、上記の中心選手のほかに掛布雅之、中村勝広などの巧打巧守の野手がいて、投手には古沢憲司、18セーブを挙げた山本和行がいた。逆に巨人の優勝は、日本ハムから移籍した張本勲、太平洋クラブライオンズから移籍した加藤初《はじめ》らトレードによる効果が大きかった。河西が足を使って獲得した選手たちが、後に昭和六十年の日本一の中心選手になってゆく。それはスカウティングの原点と言えるものだった。

その後阪神は平成十五年にも優勝したが、このときは有望な新人選手を入団させ、育てたという意味合いは薄れている。フリーエージェント、トレードによる要素が大きい。時間はかかるが選手の素材を見抜き、じっくりと育成し、檜舞台《ひのきぶたい》で通用する選手に磨き上げる。それは労多く時間のかかる方法である。しかしこれが強さを持続させる本来あるべき球団の姿ではないだろうか。

昭和六十年に優勝したときの中心選手は言う。

「最近、阪神は強いですけど、ドラフトで育った選手ではないから。全部ＦＡ（フリーエージェント）で獲った選手です。いい選手に育てるまで何年も我慢する、そういうスカウト的な部分が昔はあったね」

だから同じ優勝でも、自分たちの時代のほうが強かったという選手も多い。

山本はしみじみと呟いた。

「最初は勝てなくて、いろいろ言われて辛い思いもしました。期待も高かっただけにね。でも十七年もやってこれたし、スカウト冥利に尽きると思ってもらえたら嬉しいです。活躍できて成績も残せて、河西さんの期待に応えることができました」

山本和行が入団したこの年のドラフト二位は早稲田大学の内野手だった。中村勝広、後の阪神の監督である。彼にも河西は関わっている。

中村は早稲田大学の主将だったが、四年生の春のシーズンは、打率．２８９でランキング十位だった。中心打者としてはもう一息の成績である。だが彼の魅力は数字に現れない勝負強さだった。打点は9と高く、安打数の半分以上が二塁打という長打力と足の速さがあった。身長は一七七センチ、体重は六八キロと、体格的にも河西の好みである。

中村は千葉県山武《さんぶ》郡成東町《なるとうちょう》（現山武《さんむ》市成東町）出身だから、巨人ファンで阪神タイガースに関心はなかった。当然、ドラフト会議前にプロのスカウトとの接触はない。ただプロ志望であったので、ノンプロの企業も断って、ドラフト外でも行けたらいいなと考えていた。指名されるかどうか自信はなかったのである。

ところがドラフト会議の中継をラジオで聴いていると、阪神が二位で指名したと耳に飛び込んできた。これには彼自身も驚いた。だが河西ら阪神のスカウト陣は、ドラフト前の早慶戦で彼の活躍に目を留めていた。2試合連続で本塁打を打ったのである。中村は大学時代4本の本塁打を打っているが、そのうちの2本がドラフト直前に打ったものだ。しかもこの秋は二塁手でベストナイン、最高潮の時期と重なった。指名を決めるかどうかの大事な時期に、もっとも活躍できた彼は、天性の運の強さを持っていた。

彼も、「この2本の本塁打で評価が上がったのではないか」と分析している。彼はドラフト外ではなく、二位という上位指名に格上げされた。さらに河西は彼を別の視点からも捉えていた。

ドラフト会議終了後、中村は初めて河西と会った。東京・浜松町《はままつちょう》のビルに河西と監督の村山実、スカウトの小鶴誠が待っていてくれた。そこに中村は千葉から出向いた。そのときの印象は、かなりのいいお爺《じい》ちゃん、だった。むしろ一緒にいた村山実のほうが鋭い眼光で強い衝撃を受けた。なぜ自分を獲ろうとしたのか、河西から説明があったと思うが今では記憶にないという。ただ、重要なのは、河西の立場からすると、中村には選手としての資質だけでなく、将来の指導者としての素質もあると見抜いていた点だ。彼は現役引退後、阪神の監督、オリックスブルーウェーブのゼネラルマネージャー、その後、同球団で、監督、球団本部長など、一貫して指導的ポストに就くことになるが、河西は学生時代の中村から、将来の姿も見えていたことになる。

中村は「指導者としての資質はどこを見られたのかわからないが、河西さんの激励のつもりだったのではないでしょうか」と謙遜するが、彼は早稲田大学の主将である。河西には選手の指導者としての資質への直感も働いていた。

数日後、河西は成東町の中村の実家に交渉に行くことになった。さて中村の実家は、不動産会社を手広く経営しており、地域でも有名な資産家であった。河西はそのことは知らなかった。彼は駅の売店で手土産を買って、中村家に渡そうと考えた。

その頃中村の叔父が作戦を立てていた。彼の自宅は国鉄で行ける場所にあるが、途中の駅で待ち合わせてそこで落ち合うことにした。そこから叔父の車で、中村の実家まで送迎しようという作戦である。車種はベンツ。この当時、千葉の田舎町でベンツに乗る人は数えるほどしかいない。まだ大学生の中村には駆け引きの技術などなかったが、商売に精通している叔父は、ベンツで相手を驚かせて契約金などの交渉を有利に進めたいと思ったのである。

「それ、いっぺんやってみようや」

ちょっとしたいたずら心だった。

一方、河西は駅で買った菓子折りを提げて、駅前に立っていた。このとき中村の叔父が豪華なベンツでやって来た。河西は、田舎に不似合いなほど高級な車に度肝を抜かれた。型どおりの挨拶を済ませ、「じゃ家のほうへ」ということで、車に乗せられた。

河西は手土産も出せないまま、車に乗せられて、中村の実家に着いた。これがまた突如成東の町に出現したような豪壮な建物だった。

「さすがに駅の売店で買った安い手土産は渡せせんやった……」

手土産は袋から出されることはなかった。

もっとも「ベンツ作戦の成果は?」と聞くと中村は「秘密」と苦笑して語った。

「持ってきたものを引っ込める純情さが河西さんらしいですね。あんまり上手を言えないというか、お世辞を気にしない、余計なことをあまりしゃべらない方でした。昔気質《かたぎ》の人でした」

だが、その少ない一言一言に愛情があったとも中村は言った。彼も入団して二年目までは満足な成績を残すことができなかった。その間、河西は「頑張れ」と常に声をかけてくれた。たったそれだけだったが、中村はその言葉のはしばしに大きな愛情を感じたという。

中村は入団三年目からレギュラーとして定着、好守好打の二塁手として活躍、オールスターゲームにも三回出場し、玄人好みの選手となった。

後に、河西が阪神を定年退職して、近鉄バファローズに移ってからも、心配してくれていた。中村はよく人づてに聞いたという。

「中村君は元気でやっているかなあ。どうしてるのかな」

と。

「僕の人生を考えると河西さんに足を向けて寝られませんね」と彼は笑った。

若トラ、ミスタータイガースとの出会い

その高校生との出会いは、ひょんなところから入った情報がきっかけだった。阪神タイガースの安藤統夫の友人の甥《おい》にプロ野球志望の高校生がいた。安藤とはともにオフに

千葉でゴルフをする間柄だったが、その友人は「うちの甥を見てくれんかな」と頼んだ。その選手は習志野《ならしの》高校で内野手をやっているという。そこでシーズンオフの十月に甲子園球場で入団テストを兼ねた練習をやってみようということになった。今だったらとても許されないことだが、監督の金田正泰もいて、彼のプレーを見ることになった。練習は一週間だった。ユニフォームは安藤の「9」を裏返しに着させて、ノックを受けさせた。ショート、三塁を守らせたが、守備は荒かった。ただ特徴は「バカ肩」と呼ばれるほどの肩の強さだった。ゴロを捌いてきちんと一塁手のミットにおさめるのではない。悪送球のときノーバウンドで一塁側のスタンドまで放り投げてしまうのである。

過去、これほど肩の強い内野手は、戦後間もなく「バカ肩」と呼ばれた南海の木塚忠助しかいなかった。掛布は苦笑する。

「僕はそんなに背も大きくなかったし、足もそれほど速くはなかった。だけど肩は強かったんですね。最初はショートだったんですが、一塁に投げる球がスタンドに行くことはよくありました。行っちゃった、という感じです。送球するときホップする感じでスタンドまで届いてしまうんです」

安藤も「あんな悪送球投げる奴はおらへんで」と苦笑した。掛布は、練習でも何度もスタンドまで送球した。ただ受けた一塁手はあまりの球の力に掌《てのひら》が痺《しび》れ、痛がった。

「僕にとったら失敗なわけです。でも自分の持っているものは全部出した思いです。そのあたりに皆、驚かれたんじゃないでしょうか」

　しかもその高校生は打撃まで荒かった。左打者でリスト（手首）に天性の強さがあったため、バットに当たれば、鋭いライナーが左中間へ飛んでゆく。高校生で左中間にきれいなライナーを打てる左打ちの選手は滅多にいない。このとき甲子園球場の外野の深い位置にブルーシートが敷かれて二軍の選手がストレッチをやっていた。通常練習のときに左打ちの二軍選手がそこまで鋭いライナーで飛ばすことはない。だがユニフォームを反対に着た見慣れぬ小柄な選手が、軽々とブルーシートまで打っている。このときトレーナーが打球を見て選手に聞いた。

「あの左打者は誰やねん。ウチのチームにあそこまで飛ばす選手はおらへんぞ」

　選手の一人が言った。

「どうも千葉からテストみたいなもんで来てる子らしいですわ」

「凄いバッティングしてるじゃないの」

　皆、この高校生のパンチ力に見惚れていた。当然阪神の首脳陣も見て、一様に唸《うな》った。スカウト部長だった河西も見ていた。まさに隠れた逸材だった。名前を掛布雅之という。その後、〝若トラ〟、〝ミスタータイガース〟とも呼ばれ、本塁打王三回、打点王一回、ベストナイン七回、通算３４９本塁打を打つ大打者になった。

　じつは河西は、これより前に掛布の千葉県予選の試合を見ていた。掛布、高校二年のときである。口火を切ったのは、関東在住のスカウト櫟信平だった。櫟は面白い選手がいるからと河西を千葉まで呼んだ。

千葉の球場で試合をやっているときである。高校二年生の掛布は、三塁を守っていたが、守備は下手で、走り方もどたばたして、恰好がよくない。だが左打席に入ると、その浮ついた動きが、瞬時に止まった。あたりを睥睨《へいげい》して打席に入る仕草はすでに大打者の風格を持っていた。投手の動きに一喜一憂せず、不動心でボールを待つ構えは、いかにも打てそうな雰囲気がある。

「懐が深いな」

河西も、櫟もお互いに口にした。曰く言いがたい大物選手になる予感を二人は持ったのである。河西も櫟も2試合見て、掛布の荒っぽいが将来性のありそうな印象が強く残った。

「あれは面白いね。あと一年残っているから来年どうなるかやな」

河西は呟いた。掛布は二年生のときは、甲子園大会に出場した。じつはヤクルトが彼が二年生のときに関心を持って見に来ていた。体のわりに大きな打撃をする点が魅力だったという。だが三年生のときは県予選で負け、また体型も細く、背が大きくなかったこと、以前より打撃が荒くなっていたことから、ヤクルトは獲得を見送ったという経緯があった。甲子園にも最後の夏は出ていないから、大きな話題にはならなかった。

しかし掛布は子供の頃から野球選手になるのが夢だった。常に父親に自分はプロに行きたいと言い続けた。どういう方法を使ってもプロに入りたい。それでようやく知人の縁から阪神に伝手《つて》ができて、テストまで漕《こ》ぎつけたのだった。

その彼がプロに入りたいと、甲子園球場にやって来たのだった。甲子園での一週間の練習が十日まで伸びた。このときの心境を掛布は述懐する。

「いつ僕は千葉に帰ったらいいのかわからない。学校には一週間と言って休んで来ていますし、もう淋《さび》しくて早く帰りたかった」

十日目の練習後だったと掛布は記憶する。場所は球団事務所か二軍の合宿所だった。そこに河西がやって来て、「ウチで獲る」と言ってくれた。河西はこうも言った。

「阪神が獲るから、プロでやる気があるのだったら、大学や社会人の誘いを断っても構わないぞ」

その言葉が掛布はもっとも印象に残ったという。掛布の河西に対する印象は「人当たりのよい、優しい方」だったが、後年接点が増えるにつれてこう述べている。

「スッポンのカワさんという言葉を聞いたことがあります。絶対に選手を離さない。温厚なお顔だけにかえってそういう一面をお持ちなのではないか。裏返しの部分で非常に厳しい部分を持たれていたと思います。自分がこうだと思う選手に対して、絶対に獲らなければという執念ですね。優しさもあるけど怖さも感じる方ですね。僕がレギュラーになって結果を出せるようになったとき、河西さんは厳しい部分を出してこられることがありました」

それはよく頑張ったという激励とともに、もっとこうしなきゃダメだ、もっとできるはずだ、掛布は河西の言葉にそんな強い力を感じた。

東京への新幹線は、河西の粋な計らいで、阪神の一軍選手の移動する列車と同じだった。選手はグリーン席だが、掛布は指定席だった。練習中は夜になると甲子園球場のナイターを見せてもくれた。田淵幸一、藤田平など錚々《そうそう》たるスターをこの目で見ることもできた。

「新幹線に乗ったのは、月曜日でチームの移動日だったんですね。自分の気持ちの中でどうしたものだろう、プロでやってゆけるのかな、でも憧れのプロ野球選手になれるかな、とすごく興奮して帰った記憶があります」

本来はドラフト外という形の入団の予定だったが、結局はドラフト六位（昭和四十八年）で阪神が指名した。河西は安藤に言った。

「ドラフト外だと契約金も全然出ないからな。六位で入れといたよ」

といっても六位だから、契約金も三百万出るか出なかったかだろう。千葉の地方紙である千葉日報は掛布の阪神入団に驚いたという。阪神が掛布を獲ったと大きく報じた。

まさに最上の掘り出し物であった。そこからの掛布の努力は凄まじかった。二年目にはレギュラーとなり、不動の四番打者を務め、昭和六十年には本塁打40本、打点１０８を挙げて、タイガース日本一の原動力になった。

　後に掛布がスター選手になったとき、獲得を見送ったヤクルトのスカウトは球団上層部に「何で獲らなかったのだ」と叱られたという。

「僕がどういう評価だったのかわかりませんが、河西さんから獲るからと言ってもらったときは、未だに忘れられないほど嬉しかったですね。そういう河西さんのために頑張ろうと思ったのは事実ですね」

　と掛布は語っている。現役時代の彼にとって河西は、親父のようなまなざしで野球を見ていてくれる存在だった。コーチなど指導者と違う距離感。それだけにいいスタンスを取りながら話ができる関係にあった。何か困ったことがあったら相談できる立場だし、そういう雰囲気を持っていた。それを掛布は「キャッチボールを楽にできる距離」と話している。

　つかず、離れず、だけどあるときはもっと近くに行ってボールを投げてやらなければいけないときもある。遠くに離れて受け取ってあげるときもある。その距離は選手によっても、同じ選手の日々の状況によっても違う。その距離を測るのが上手かったのが河西だった。それは高校生、大学生、いずれをスカウティングするときも同じだった。近すぎれば煩わしいと思うし、ぐっと迫るのが効果的なときもある。その勘所は河西が長年スカウトとして生きた経験から摑んだものであった。

河西は後年大スターになった掛布に向かって言った。

「あのときのお前が、まさかここまでになるとはなあ」

誰よりも喜んでくれた。彼の初ヒット、初本塁打、河西にとっては忘れられない思い出である。ただ残念なことにこのとき河西は阪神を離れ、近鉄のスカウトであった。同じ球団であれば、互いにどんなに嬉しかったことだろうと掛布も思う。だが球団を離れても、掛布には今まで通りに接してくれ、引退後も「どうだ頑張っているか」と声を掛けてくれた。なんでも相談できる優しい親父さんだった。

掛布は今、語る。

「僕だけじゃなく、歴代の活躍された方は、ほとんど河西さんの見た方が入って来られてます。河西さんが見て、獲った選手たちが、阪神の歴史を作られてきました。河西さんは阪神だけじゃありませんから、河西さんの関わった方たちがいろんな球団におられます。そういう方たちはみな、河西さんを忘れることはないと思います」

さて、掛布との取材も終えて、一つだけ聞き残したことに気が付いた。掛布の背番号「31」についてだった。じつは河西の阪神時代の背番号は「31」であった。河西は昭和二十八年からコーチを引退する三十二年まで付けていた。その後は何名かの変遷があり、掛布が入団するまでにカークランドが六年間付けていた。掛布も自分の前任がカークランドであることは知っていたが、河西の付けていた背番号とは知らなかった。その話をしたとき、それまで椅子にゆったりと座り、静かな口調だった掛布が突然身を乗り出して、大きな声を上げた。

「えっ！　河西さんの背番号31？　それ知らない。河西さん、そうなんだ。そうなんですか！　僕と同じだったんですか！」

その興奮のあり様は、野球少年が憧れの選手に会ったときのようであり、目の輝きを感じさせた。

掛布は、何度も私に確認すると、「だから俺に31くれたのかな」と言うと、「そうだったんだ」と静かな口調になって、椅子に座った。

通常テスト生は主力選手が付ける軽い数字ではなく、40番、50番、60番台の背番号を付ける。だから掛布の背番号はいい番号なのである。掛布自身も自分の背番号はキャンプが始まるまで知らなかった。ただ一月の自主トレのとき、寮の虎風荘の彼の洗濯ボックスに「掛布31」と白い紙に書かれてテープで貼られていた。同じくテスト生で入団した投手の中谷賢平が言った。

「お前の背番号31じゃないのか」

それにしても自分には身に余るいい番号だなと掛布は思った。キャンプに行き、その番号が正式に自分の背番号になった。今や、ミスタータイガースの代名詞の番号である。

「そんなことはないだろうと思いました。ドラフト六位とはいえ、テスト生ですから。それは付けてびっくりしました。いい番号ですよ。それが河西さんの番号とは知りませんでした」

どういう経緯で掛布が31になったのか。単に空きがあったから、決まったとは思われない。破格の扱いである。そこに河西の配慮が働いていたのか。当時河西はスカウト部長である。背番号に対する発言力はあったと思われる。すでに河西が世を去った今、真相は不明だが、天国で我々のやりとりをにやにやしながら眺めているようでならない。

一つ言えることは、掛布をプロに入れた恩人と彼の二人は背番号を通してさらに強い絆《きずな》を、今になって持ちえたという点である。

掛布はしばらく思案していたが、真剣な目になるとゆっくりと口を開いた。

「今の阪神があるのは、スカウティングの歴史があるからですよ。それを代表するのがやはり河西さんですよ。人を見抜く目、そこには河西さん独特の世界観があります。昭和六十年の日本一のときは、河西さんは近鉄におられましたが、いいプレゼントができたと思います。僕は四番を打てて、いいお礼、いい恩返しができたかなという気持ちが強かったですね。個人成績もいいですが、スカウトにとって自分がスカウトした選手でチームが戦ってくれるのが一番嬉しいんじゃないでしょうか」

掛布の河西への思いは尽きなかった。タイトルを取っていい恩返しができたと何度も口にした。

「もう河西さんにはありがとうという感謝しかないです。僕をプロの世界に入れてくれた恩人だから、河西さんがいなければ今の僕はいません」

掛布は自分に言い聞かせるように語った。

昭和四十九年の甲子園大会で高校四天王と呼ばれた投手がいる。銚子《ちょうし》商業の土屋正勝、鹿児島実業の定岡正二、横浜高校の永川英植《えいしょく》、そして土浦日大高校の工藤一彦である。工藤は春夏、連続して甲子園に出場、とくに夏の二回戦、東海大相模との一戦は延長16回を投げぬき、2対3でサヨナラ負けしたものの、その力投は強くファンの脳裏に残った。ケレン味のない本格的な投球は次代のエースとして魅力的だった。

しかし、四天王のうち、工藤だけが唯一阪神の二位指名だった。土屋は中日に、定岡は巨人に、永川はヤクルトに、それぞれ一位指名されている。ラジオ中継で指名を知ったとき、彼はポケットに手を入れ、下を向いてしまった。希望は在京球団だった。スカウトが来れば話は聞くつもりだが、大学進学が濃厚だった。

ところがドラフト会議の翌日河西が高校を訪れ、工藤と会うと、彼の気持ちは揺れ始めた。河西はまず、工藤の気持ちが二位指名であることにこだわっていることを摑んだ。

ライバルはみな一位指名されたから、面白くないのもわかる。

河西は微笑を浮かべながら言った。

「工藤君、君が在京球団希望ということで一位指名はできんかった。決して君の実力の問題やないんやで」

そこで河西はぐっと身を乗り出して、真剣な顔になった。

「ええか、定岡君は必ず巨人に入る。今度は伝統の巨人阪神戦を、甲子園で実力勝負でやってみようやないか」

工藤も進学したいという希望を持ちながら、河西の言葉を聞くとプロでやりたいという気持ちになってくるのだった。彼が進学を断念し、阪神入りを決めたのは十二月中旬だった。彼は入団後、10勝前後の勝ち星を挙げていたが、昭和五十七年には11勝8敗、五十八年には13勝10敗とエース級の活躍をし、高校四天王の中では通算勝利、実働年数とも結果的に一番になった。河西の言うとおり、「実力勝負」では他の三人に勝った。昭和六十年に、掛布、バース、岡田の甲子園バックスクリーン三連発という伝説の試合があったが、このときの勝利投手は工藤である。

さて阪神タイガースも世代交代の時期を迎えた。河西は昭和五十一年四月で定年となって、嘱託という形でスカウトとして働いていたが、昭和五十二年一月に球団より「スカウト陣若返りのため再契約の意思がない」ことを告げられた。一ヶ月前には盟友だったベテランスカウトの櫟信平や、小鶴誠も退団を告げられているから、スカウト陣は一新された形になった。

だが河西たちが関わった選手たちが、順調に育ち、昭和六十年の日本一の主力選手になったことは、スカウティングの本領を示すものである。

そして、河西には四月を待たず、新しい活躍の場が用意された。同じ在阪のパ・リーグの球団だった。ただし、場所は同じでも下位に低迷する、全国的には知名度のないチームである。そのチームが徐々に魅力的なチームに生まれ変わろうとしている矢先だった。

その現場に河西は五十六歳で飛び込んだのである。

第5章　パ・リーグの在阪球団近鉄へ

西本幸雄の信念

『報知新聞』の昭和五十二年二月二日付（二面）にはこう書かれてある。

近鉄・河西スカウト発表
〔宿毛《すくも》〕近鉄は一日午後三時、キャンプ地・宿毛で、元阪神のスカウト河西俊雄氏（五六）のスカウト就任を発表した。同氏は一月二十五日付で阪神を退団したが、近鉄ではその豊富な経験と眼力を高く評価、採用した。

近鉄球団は、昭和二十五年にプロ野球がセントラル・リーグとパシフィック・リーグに分裂したとき、パ・リーグに新規に加入したチームである。設立は二リーグ分裂前年の昭和二十四年、親会社は近畿日本鉄道である。ちょうど近鉄が三重県の志摩《しま》半島を通り、そこが真珠の産地という理由でチーム名は「近鉄パールス」と名付けられた。ところがこのチームはリーグのお荷物と呼ばれるほど弱かった。創立二十六年目（昭和四十九年）に闘将、西本幸雄が監督に就任することになって、ようやくチームは甦《よみがえ》ることになる。

西本と河西は同い年で、生年月日も同じである。ともに戦前の東京六大学のスタープレーヤーである。西本は立教大学、河西は明治大学だが、在学中はとくに接点はなかった。西本が立教でプレーしたときのマネージャーが中島正明で、このとき近鉄のスカウト部長をしていた。彼が近鉄への橋渡しをしてくれたのである。

西本が監督になるまでのチームの成績は、最下位十四回、四～五位五回で、下位をさまよう典型的なチームだった。西鉄ライオンズを日本一に導いた三原脩を昭和四十三年に監督に招聘《しょうへい》し、翌年には優勝争いを繰り広げ二位になったものの、西本が監督に就任する前年はまた最下位に沈んでいた。

西本は灰色のチームと揶揄された阪急ブレーブスを鍛え上げ、五度もリーグ優勝に導いた名将である。西本は初日のキャンプインからカミナリを落とした。チームに蔓延《まんえん》する弛《ゆる》みきった体質を改善しようとしたのである。

キャンプ地も西本自ら選んだ高知県の宿毛。四国最西端の地である。高知駅から電車で二時間の田舎町には、酒場、映画館、パチンコ屋など一軒もない。「打倒阪急」を目指して徹底的に野球漬けにしようという肚《はら》づもりなのである。夜はただ暗闇だけが広がる町だった。

背後にも目があると言われた西本は二月初旬、雪の降る中を本格的に打撃練習させた。しかも打撃投手を二メートルも前に寄せてであった。選手たちはかじかんだ指でバットを握り締め、ひたすらボールを打った。

西本には信念があった。

「強いチームを作るには練習しかない。ふつうの人間でも努力すれば一流になれる。そのことを選手にわからせてあげたい」

この悲願は実を結ぶ。就任一年目こそ五位だったが、翌五十年に初めての後期優勝を果たした。この頃はパ・リーグは前期・後期の二シーズン制をとっていた。それぞれの優勝チームが、シーズン後プレーオフを行い、リーグ優勝を決める方式だった。近鉄は早くも西本体制二年目で後期を制覇した。だがプレーオフで阪急に屈する。そこから徐々に西本イズムがチームに浸透し、選手の意識も変わり、若手も育ち、優勝を狙えるチームになってきた。

河西が入団した昭和五十二年は、チーム全体から負け癖がようやく払拭され、上昇機運に乗っていたときだった。だが前年は再び四位。もっと補強をして、チーム力を確固たるものにしなければならない。強くするのは既存の戦力を育てる現場の力だけではない。何より中心選手になる人材の補強がなければ、いくら指導を重ねても限度がある。その意味で中核となる選手を発掘、獲得しなければならない河西の任務は大きかった。

西本と河西は、かつての華の六大学の選手同士という立場から、監督とスカウトの関係に変わった。西本は彼のことを全面的に信頼してくれて、注文もほとんどしなかった。獲ってきた選手にも文句は言わなかった。スカウトの力量を信じる監督だった。

しかし、河西は近鉄に移ったことで、阪神との落差を感じることもよくあった。それは阪神のようにスムーズに選手の獲得ができないことだった。セ・リーグで巨人と対等の注目度のある阪神は、スカウトが乗り出さなくても選手自ら行き先として希望した。だが近鉄ではそうはいかない。パ・リーグで、ようやく実力派のチームとして台頭しても、まだ認知度が低い。関東や関西以外の地方に行けばなおさらだった。

「選手たちの十人に八人はセ・リーグの在京球団を希望するんや。パ・リーグはハンデイを負ってるわ」

「セントラルのスカウトは幸せやと思いますわ。選手たちは皆セントラルを逆指名するやないですか。パ・リーグのスカウトはほんまに苦労してると思いますよ。頭くることも多いやろねえ」

これらの言葉は河西の体験に根ざしたものだった。阪神ではスカウト部長として辣腕を振るった河西には驚きだった。いざ現場に出てみると「近鉄」という球団を知らない人が多かった。

「そらデパートでっか」

「電車のことでっか」

そんな質問もしばしばだった。阪神タイガースであれば、説明しなくても相手が聞いてくれる。よもや「阪神デパートでっか」などと聞く輩《やから》はいない。関西の無名チームの悲哀を感じないわけにはいかなかった。

笑えないエピソードがある。

四国の新居浜市へ行ったときである。社会人野球の四国大会を見た各球団のスカウトが三々五々新居浜に集まってきた。そこにある新居浜東高校は進学校だが、ここに有望な投手がいると聞いたからである。阪神は久保征弘《ゆきひろ》、近鉄は坂東に河西、巨人は山下哲治、大洋は高松という顔ぶれだった。一緒にその投手を見に行こうというのである。だがプロ球団に慣れていない進学校だ、門前払いを食わされる恐れもあった。選手を見に行きたいものの、進学校だから、学校側がスカウトの対応に慣れていない。

まず高松が駅の公衆電話で校長に話をした。校長の対応は紋切り型で聞く耳を持たなかった。

「プロ関係者は周りの生徒に悪影響を与える。そういうのは練習を見に来てもらっても困るんですよ」

「そこを何とかお願いしますわ」

「試合をスタンドから見てください」

一方的にそこで電話を切られてしまった。高松は苦笑した。

「カワさん、断られてもうたわ。あかん言うとるわ」

河西は、そこで背広のポケットから小銭を取り出すと、高松と入れ違いに、ボックスに入ろうとした。

「そら悔しいわ。高松ちゃんええわ。ワシが話つけたる」

今度は河西が電話した。周りのスカウトは心配そうに見守っている。険しい彼の顔が柔らかくなり、笑いながら、話していた。スカウトたちは、互いに首を傾げて顔を見合わせた。河西が、会心の笑みで、電話ボックスから出てきた。

「高松ちゃん、ええ言うとるで」

皆、「そんなはずはないやろ」と目配せした。

「ほんまでっか」

高松も、あれほど頑なな校長が、態度を豹変《ひょうへん》させるのかと思ったが、河西は「行こう、行こう」とスカウトたちをうながし始めた。スカウト陣五人がタクシーに乗り込み、勇んで学校の正門に着いた。ここで河西が代表で職員室へ挨拶に行った。ところが、入ったのはいいが、いつまでも帰ってこない。やがて頭を掻《か》きながら、校舎から出てくると、困ったように呟いた。

「やっぱ、あかんて言うとるわ」

「さっきええって言いましたがな」

スカウトたちは言う。河西は、子供がべそを掻いたように小さな声で呟いた。

「電話でな、近鉄百貨店や言うたんや」

河西が事情を皆に話した。

四国の今治《いまばり》市や新居浜市は近鉄タクシーなど近鉄系の企業が数多く存在している。校長は百貨店の人事担当者が、求人のために来たと勘違いしたのである。近鉄百貨店だと名の知れたデパートだから、歓迎される。

進学校にとってはプロ野球より、名門近鉄百貨店のほうが有り難い上客だ。

河西人事担当は、柔和な顔で物腰も柔らかい。どう見ても客商売に携わった人間にしか見えない。就職担当の教師もいっぺんで信用した。ところがこの自称百貨店の人事担当は、求人の話をしないで、野球の練習を見せてくれんかとしきりに言い出した。もみ手の教師も、怪訝な顔で「なんでまた野球なんですか」と尋ねてきた。

「野球部員に、百貨店希望者はおるかと思いまして」

「一般の生徒のほうが百貨店希望者は多いですけどね」

「野球部員が元気があって、こういう客商売には向いておりますやろ」

教師は、窓から正門にいる大柄な男たちを眺めた。いずれも体ががっしりして、目つきも鋭い。どう見ても百貨店の人事担当者ではない。しかも四人はグラウンドの方ばかり見つめている。

「いや野球の練習を、見てみたいと思いましたんや」

「おたく本当に近鉄百貨店ですか」

「厳密に言いますと、その関連会社の、ですね」

河西が恐る恐る出した名刺には、「近鉄バファローズ　スカウト　河西俊雄」とあった。百貨店の関連会社で、その絡みで、などと懸命に言い訳したが、途中でしどろもどろになった。

「あの方も百貨店ですか」

巨人の山下スカウトを指した。

「あれは読売新聞の関連会社の、ですね」

そこでプロのスカウト陣であることが明らかになった。結局、プロ関係者はお断りで門前払いになった。近鉄百貨店の人事担当者で押し切るには無理があった。それで校舎から出されてしまったと河西は言うのである。

阪神タイガース時代は、選手の家に挨拶に行けば応接間に通してくれた。だが近鉄のときは玄関前止まり、という対応の差もあった。絶対に阪神には行かないという選手はいないが、パ・リーグ、しかも在阪球団だと行かないという選手はいる。そこから突破口を開かなければならなかった。阪神と比べ、選手を獲得するまでに手順がいくつも必要だった。

『日刊スポーツ』の記者、浅岡真一は昭和五十三年から六年間近鉄担当を務めた。その後も河西とは付き合いが続いた。入団交渉を記事にするときも、ときおり河西の交渉を見かけるときがあった。柔和な笑いが印象に残るという。

河西は浅岡に言った。

「ワシはいいから、選手を褒めたってくれ」

そう言いながら、ネタを提供してくれた。浅岡は、河西の凄さとして大石大二郎を二位指名したことを挙げている。彼は一六六センチと小柄だが、百メートル十一秒一の俊足で、亜細亜大学時代にシーズン最多盗塁の新記録（当時）を残した。加えて彼の特異な点は、小柄な体に似合わず、打撃にパンチ力があったことである。

河西は体が小さい選手でも、ミート中心に当てにゆくよりも、バットを強く鋭く振り切る姿勢を好んだ。大石もそのタイプだった。河西自身も現役時代そうだったからである。

「小さい子は小回りがきくし、バネがあるからプレーが小気味いい。山椒《さんしょう》は小粒でもピリリと辛いや」

河西はそう言った。大石は近鉄に入団し、新人王を獲得、盗塁王も四回獲得したが、本塁打も148本を記録している。昭和五十九年には29本の本塁打を打っている。通算盗塁415は歴代七位である。彼は大石とその後もずっと付き合いがあり、「ダイ」と親しみを込めて呼んでいた。浅岡は、大石がここまで活躍するとは思っていなかった。関係者が、彼の体の小ささを不安視したが、河西は大きく化けると判断した。河西は当時の監督西本幸雄に強く獲得を進言したのである。

「ダイの裸を見たときびっくりしました。身体能力もそうですが、全身筋肉、筋肉マンですよ。この運動能力を見抜いて二位で指名したとき、カワさんの眼力は凄いと思った」

河西は、大石が試合でフライを追う姿を見て、獲得しようと思ったという。判断力、敏捷性、勘のよさだけでなく、ボールを追いかける姿に何とも言えず、他の選手と違った輝きがあったというのである。

入団交渉もまとまり、いざ契約という段階のときである。大石の父親が突然河西に向かって頭を下げた。父親は柔道四段の猛者である。

「こんな息子程度に多額の契約金をいただき本当にありがとうございました」

河西は、この一件を浅岡に伝えた。

「あの親父さんは凄いぞ。ああいうしっかりした親御さんだから、大二郎みたいなええ選手ができたんと違うか」

河西は選手を褒める以上に、その家族を褒める。お母さんが彼のファンになって、入団したという例もあった。だがそれを浅岡は「からめ手じゃなくて、カワさんの優しさ」だと表現する。

大石本人は、指名後に初めて河西と会ったが、「ときおりにこっと笑った顔が何とも言えないいい顔をしていた」という思い出がある。河西は河西で、長年のスカウト稼業の中で、もっともセンスのある選手は大石だったと語っていた。

「目立たないがセンスがあった。プレーにも動きにもアクセントがあった。彼を入団させたときはスカウト冥利に尽きると思ったね」

河西は、そうおりにつけ語っていた。

後年、浅岡は大石大二郎が活躍したとき、河西に声をかけた。

「おっさん、いいの獲ったなあ」

「そうやろ、ええやろ。よく育ってくれたよ」

河西は目を細めて答えた。

河西はやはり選手を見るときには、センスを見る。こいつは行けると勘が閃《ひらめ》くと果敢にアタックする。あとは選手自身の努力と、そしてとくに二軍の指導者が大事に育てていくことである。

「センス＋努力や」

彼は大成する条件をそう語っていた。スカウト哲学はない、というのも彼の口癖だった。スカウトが好きになれないまま仕事をしてきたとも言っていた。しかも生真面目で交渉ごとも好きではない。不器用とも自分で言う。しかし、野球が好きでたまらない。だから野球のこれからを支える若者を見るのには何の苦労もない。どんな田舎でもいい選手がいればすぐに飛んで行く。彼は自らの仕事を〝仕入れ屋〟とも語った。

後にチーフスカウトになって、各地区の担当のスカウトから報告を受けても、必ず自分の目で見るようにしていた。全国を足で回る仕事は七十歳を過ぎても続けられた。

浅岡は若い時分、河西を叱ったことがある。河西が近鉄に移籍したばかりの年である。昭和五十二年の近鉄のドラフト一位指名は、法政大学の内野手金光興二だった。このとき近鉄は即戦力の内野手が喉から手が出るほど欲しかったのである。河西はスカウト部長の中島とともに実家の広島に足を運んだが、家族が難色を示していた。

金光も早くから「プロに指名されても入団はしない」と語っていた。だが徹底的に彼の近辺を調査すると、「近鉄であれば入団してもよい」という情報が入ってきた。法政大学野球部のOB会からも同じ話が聞こえている。

しかし一位指名しても、交渉は難航した。十二月の半ばになっても話し合いは進展しなかった。この頃だった。浅岡が河西を訪ねてゆくと、麻雀をやっている最中だった。まだ若い浅岡は、つい怒鳴った。

「おっさん、麻雀しとる場合じゃないぞ！　金光は行かん言うとるやないか」

河西は、脂っこいものも好きだったが、関西で言う「カチうどん」が好きだった。うどんに餅が入った「力うどん」のことである。このとき彼はカチうどんを食べながら、麻雀に没頭していた。若い記者に怒られると、ふつうなら逆に怒り返すところである。だが河西は表情を変えることもなく苦笑した。

「まあじっくり行こうやないか。ワシらも何とかして欲しいとこやから」

結局、金光は社会人野球の三菱重工広島へ進んだが、河西の辛抱強さと、粘りを垣間《かいま》見《み》た思いがした。焦りを他人に悟られることなく鷹揚《おうよう》に構えて見せる。内心は重圧もあったかもしれないがおくびにも出さないで淡々と交渉してゆく。まさに「スッポンの河西」たるゆえんだった。広島県出身の金光は地元球団の広島にも「入団しない」という意志を示していたため、義理立てして近鉄に入団できなかったのではないか、というのが河西の推測である。もし金光が広島県出身でなかったら、近鉄の説得が功を奏したはずだ、と河西は思っていた。

浅岡は振り返る。

「もちろん選手の獲得はカワさんだけの力じゃない。それぞれの担当がいるけど、最後は見ているよ。でもあの人らしいのは、自分が獲ってきたとは一言も言わんところやったね」

昭和五十五年のドラフト一位が最優秀救援投手賞を二年続けて受賞した石本貴昭だ。彼は兵庫県滝川高校の左腕のエースとして昭和五十五年に春、夏連続して甲子園に出場、夏は三回戦まで進んでいる。一八二センチの長身から投げ下ろす140キロ台の速球は重く、左腕の大型投手として期待が高かった。別名は「鈴木二世」。近鉄の三百勝投手の左腕、鈴木啓示に似ていたからである。だが入団して四年間は僅か1勝しかできなかった。

石本にとって河西の思い出が残るのは、入団後である。彼の担当スカウトは河西ではなかった。したがって彼と出会ったのは、入団発表のときだった。いいお爺ちゃんだなという第一印象だったが、とくに親しく話すこともなかった。口をきいてもらったのは春季キャンプのときだった。まだ慣れない石本がブルペンで投球練習をしていると、河西のほうから挨拶をしてくれた。

「どや！　元気でやっとるか」

「もう慣れたか」

河西は自分が担当していない選手でも気軽に声をかけていた。悩んでいるときも「こういうふうにやったらどうや」とこっそりアドバイスしてくれた。

まだプロの水に慣れない石本にとってやはりコーチや監督には聞きづらい面もある。その意味で河西の好々爺《こうこうや》然とした人柄は有り難かった。素直に聞くことができたからである。

石本は振り返る。

「技術的な面はコーチの役割ですから、河西さんは入ってこられませんが、精神的な面で助言していただきました」

だが石本はなかなか芽が出ない。新人の年、前期の最終戦で勝ち投手になったが、力不足を理由に監督の西本から二軍行きを命じられた。

「もう一度鍛えなおして来い。勝ち星は餞別《せんべつ》代わりや」

以後は消化試合の登板が中心だった。制球が一定しないのが欠点なのである。三年目を迎える頃、向こう気の強い彼もだんだん気持ちが沈み始めていた。その年のキャンプに河西がやって来た。活を入れたのは「仏のカワさん」だ。眼光鋭く、石本を叱った。

「お前はまだ甘えとるわ！　もっと厳しくやらんでどうする！」

河西はその後も「こういう投手を目指したらいい」と助言してくれた。

石本が突然開花するのは入団五年目の昭和六十年である。リリーフだけで70試合に登板し19勝3敗7セーブを挙げ、最優秀救援投手賞を受賞、最高勝率を挙げた。1回の途中からリリーフに立って9回まで投げた試合もある。リリーフだけで規定投球回数に届いてしまったことからも、いかに彼が投げまくったかがわかる。翌六十一年も8勝32セーブ、この年も最優秀救援投手になった。救援勝利数とセーブを合わせた40セーブポイントは、当時の日本タイ記録である。

この頃のオフのことである。タイトルを獲って、球団事務所に契約に行ったとき、河西が石本の許《もと》にやって来て、両手で彼の手を取って目に涙を溜めて言った。

「ほんまによかったなあ」

石本のほうが感極まるほどの熱い目であったという。だが彼は投げすぎが祟ったのか、成績は年々下降した。左肘にヒビが入っていたのである。投げるときに肘を庇《かば》うように投げるからフォームを崩し、肩に負担をかけてしまった。

石本は平成三年に中日ドラゴンズに移籍した。シーズン中のトレードだったが、これも河西が中日の編成部にパイプがあり、動いてくれたからできたことだった。河西がもう一花咲かせる配慮をしてくれたのである。

だが肘は治ることなく、今度は左の肩甲骨を痛めてしまった。平成四年の夏だった。すでに球団から来季の契約はしないと告げられていた。その日の夜に、突然河西から電話があったのである。

「今日、中日からお前のことは聞いたで。お前は近鉄に貢献しとるから、クビになるわけにはいかん。野球界を去ったらいかんで」

石本はちょうど子供ができたばかりで、早く次の仕事を探さなければならなかった。そのとき河西はスカウト一名、スコアラー一名の枠があることを示した。一方では石本はまだ現役に未練もあった。怪我さえ治れば、今の球威でもまだ通用すると思っていたのである。その心理を見通した河西は、はっきりと伝えた。

「お前の投げるボールを見たが、もう一軍ではダメや。もう通用せん。それはわかるやろう」

念を押された石本は、二、三日考え、スコアラーの仕事を選んだ。スカウトは東京地区担当だったので、子供の傍にいられるスコアラーがいいと考えたのである。河西は肩を壊すまで近鉄のために投げぬいた貢献度を見直してほしいと球団に掛け合ってくれたのだった。

彼は近鉄で長くスコアラーを務め、育成コーチも務めた。現在はオリックスのスコアラーとして働いている（平成二十三年退任）。彼は言う。

「入団する選手は、まずスカウトを見て球団の印象やカラーを見ます。どんなチームなのだろうとスカウトが部屋に入って来る姿や人柄を見ています。河西さんは厳しい面もあったけど、いつも笑っている小さなお爺ちゃんでした。僕らを近鉄という組織の中での親戚に思ってくれていました」

石本は天国にいる河西に向かって「働きすぎて働きすぎて、ゆっくり休ませてください」と語った。これは長年スカウトとして働いた河西と自分の忙しさに向けた掛け詞《ことば》だろう。

近鉄は、昭和五十四年にチーム創設以来初のリーグ優勝を飾り、翌年も優勝した。とくに五十四年の日本シリーズ第七戦では、9回裏無死満塁まで追い詰めながら、広島のリリーフエース江夏豊にスクイズを外されて、一点差で敗北するという、後世に「江夏の二十一球」として語り継がれる伝説の試合が行われた。翌年も第七戦までもつれ込みながら、近鉄は日本一になれなかった。しかし、河西が来てからの近鉄はもはやパ・リーグのお荷物と揶揄されたチームではなかった。すっかり強豪へと姿を変えた王者のチームに変わったのである。

スター選手を口説き落とす

岡本伊三美は近鉄で監督を務め、フロントでは球団常務、社長までやった異色の人物だ。通常、フロントの重役は親会社からの出向が多いが、岡本は現場経験者の重役である。そこに近鉄というチームの強さが隠されているようでもある。

岡本が監督を務めた昭和五十九年から六十二年には、近鉄は投手の佐々木修、山崎慎太郎、阿波野秀幸、捕手の山下和彦、内野手の吉田剛《たかし》、真喜志《まきし》康永、外野手の鈴木貴久など平成元年リーグ優勝の主要メンバーを獲得している。また「10・19決戦」と呼ばれた昭和六十三年の十月十九日に行われた近鉄対ロッテのダブルヘッダーを戦った選手たちにもその名前を見ることもできる。

岡本は言う。

「監督として有り難かったのは、河西さんは現場の注文はちゃんと聞きながら、今チームに何が必要なのか、どういう選手が必要なのか、二、三年先にはここが必ず駄目になるから、そのとき使える選手は誰かということを把握されていたことですね」

たとえば、チームに先発投手が五人必要だが、どうしても一枚足りない。それは左か右かにも影響されるし、即戦力だったら大学か社会人選手となる。投手の年齢などにかんがみ、もし二、三年先に、駒が足りないことがわかっている場合は、将来性のある高校生投手を発掘することになる。

その中で、試合でも一人の投手を見てばかりいると他のスカウトに感づかれるので、まったく獲る気のない選手を見に行くこともあった。

監督は与えられた材料でやる。いい材料があれば優勝できる。その材料を仕入れるのがスカウトの仕事だという。彼らが「目利き」と言われる所以《ゆえん》である。

河西の選手に対する面倒見のよさには、南海ホークスの監督だった鶴岡一人の精神が生きているのでは、というのが岡本の分析だ。河西も岡本も、ともに選手時代、鶴岡の許で過ごした間柄である。河西は鶴岡を「親分」と呼び、鶴岡は「カワさん」と呼んでいた。鶴岡の監督時代、このようなエピソードがある。

河西が南海にいた昭和二十一年から二十四年までは、チームは二度日本一になっている。今に限らず、スカウトと現場のコーチがもめることはよくある話だった。

あるコーチが、鶴岡に不平を言った。

「何であんなのを獲って来たんですかね」

鶴岡は怒った。

「スカウトが一年かかって一生懸命日本中を回って探してきたんや。汗水たらして獲ってきたものを、お前が見るなり〝あかん〟なんてぬかすな。親御さんもいるんやで！」

鶴岡は監督と兼ねてスカウティングもやっていたから、スカウトがどんなに苦労して獲得したか知っていた。彼はコーチをこうも叱った。

「りんごで駄目ならバナナで教えろ。教えてもどうにも悪くてあかんときは、〝これだけ手を尽くしましたけど駄目でした〟と俺が親御さんに謝る！」

選手はそこらにあるものを獲ってきたわけではない。それだけの労力がかかっている。グラウンドで少し見ただけで「こんなものはあかん」と即断をせずに「選手をもっとじっくり見ろ」ということを伝えたかったのである。その精神は河西にも受け継がれた。

昭和五十六年の近鉄の一位指名は報徳学園の金村義明だった。彼は春夏連続して甲子園に出場、投手で四番を打ち、夏は優勝投手に輝いている。優勝した瞬間に両手でガッツポーズしながら、マウンドで飛び跳ねた姿が印象的である。

だが彼の魅力は打撃だった。選抜大会では大府高校の槙原寛己（後巨人）から本塁打を打ち、夏の甲子園では横浜高校戦で2打席連続本塁打を打った。遠くへ飛ばす力は高校生離れしていた。

河西の打者金村への二重丸のポイントは、天性の長打力とそれを生む強いリストだった。さらにプロ向きの根性もいい。

「投球はごまかしやが、打者としては先天的なセンスがある」

河西はそう見た。

金村の志望球団はパ・リーグの名門、阪急ブレーブスだった。「阪急以外に行かない」と表明していたから、当然阪急が指名する可能性が高かった。ところがドラフト会議当日、阪急の他に、近鉄も一位指名をしたから重複してしまった。結局抽選で近鉄が交渉権を獲得したのである。抽選に外れた阪急は専修大学の山沖之彦《ゆきひこ》投手を指名した。

金村の心境は複雑だった。近鉄が横から入ってきた形になったからだ。河西は内野手に転向させれば二、三年でレギュラーになれると確信した。ずっと入団を断り続けていた金村が、何故近鉄入団を決めるに至ったのだろうか。それは彼の母親が河西の人柄に惚れたからだった。

金村は言う。

「お父ちゃんの、お母ちゃんの、と言われてね。ハートを掴むというのかね、人情味溢《あふ》れる話を母親にしたみたいですね。お母さんの骨格を見て決めたとか、〝じつはお母ちゃんに惚れた〟ということで母親を口説き落としたみたいな感じです」

金村は打者として入団し、五年目にレギュラーを獲得、23本の本塁打を打った。この年、サイクルヒットも記録。三塁手として主に五、六、七番を任され、近鉄時代に１２２本の本塁打を打った。この頃、近鉄の攻撃陣は〝いてまえ打線〟と呼ばれたが、金村はその真ん中にいることから「いてまえ大将」と呼ばれた。

河西は彼がレギュラーを取るまでの間「お前が一人前になるまでオレは死ねん」とはっぱをかけていた。今はテレビに登場することの多い金村だが、解説も威勢のよいしゃべりで、澱みがない。元気で豪快な近鉄というチームを象徴する人物だろう。

近鉄にも徐々に将来の中心選手になる素材が揃ってきた。

河西はよく呟いていた。

「本人からしてみたら、やはり自分の好きな球団に行きたいやろ。でもな、自分の好きな球団と、一番チャンスのある球団、これは違うんや。いくら好きな球団に入っても上がつかえていたら、しゃあないやろ」

それはそのまま選手への口説き文句になった。とくに選手の希望球団が近鉄ではなかった場合には、河西はこうも言った。

「一番いいのは自分の好きな球団に行くことやけど、こういう制度があるから堪忍してな」


ドラフト制度は、球団の戦力均衡化を狙って作られたものだから、選手に球団の選択権はない。だが徐々に逆指名現象が姿を見せるようになった。それでも球団によっては果敢に指名に挑み、スカウトの力で入団させることも多かった。ところが昭和五十年代の後半になると、選手本人が希望球団を公表し、球団も獲りたいと言い出すようになり、選手と球団が固い絆で結ばれるようになった。そうなると、「そこまで強い希望なら」と、他球団は獲得を見送るようになった。その例が、昭和五十八年の選抜大会で優勝投手になった水野雄仁《かつひと》だった。夏も甲子園ベスト4。これだけの大物投手を球団が放っておくわけがない。

近鉄も当然水野を狙った。だが水野は巨人一点張りである。他球団が指名した場合、大学に進学すると言っていた。しかし水野の本意を探りたい。本当に他球団から指名されても行く気はないのか。櫟や河西も探りを入れてみたが厳しかった。ドラフト会議直前の十一月十九日の『報知新聞』には「水野家　近鉄にヒジ鉄」と見出しが出ている。

近鉄は十八日に梶本豊治スカウト部長とチーフスカウトの河西が徳島県の水野の実家に飛んで、家族に挨拶した。一位指名することと、チームの方針を一時間半にわたって説明したが、水野家からは、はっきりと断られてしまった。

「天地神明に誓って近鉄には行かせません。たとえ息子が行きたいと言っても、絶対に許さない」

というのが父親の言葉だった。

河西はため息まじりに記者に呟いた。

「ワシもこの仕事は長いけど、ドラフト前に三度も足を運ぶのは初めてやなあ」

まだ一位指名の交渉権も獲得できるかわからない。それでも三度も挨拶したのは、チームにとって水野はどうしても欲しい選手だったからだ。

河西は言う。

「おたくには行きませんと言われたら、スカウトはほんまに辛いわ。プロだったらどこでもいいですと言ってくれたら救われます。好きな球団はありますが、ドラフト制度がありますので、指名されればどこへでも行くと言うてくれたら、ほんまに嬉しい」

だが水野獲得については河西の陽動作戦だったと見るのが、同僚の櫟の分析である。このとき近鉄の現場サイドからは左腕の投手が欲しいと要請を受けていた。表向きチームを挙げて、水野獲得のアドバルーンを上げながらも、河西たちは創価高校の小野和義を追いかけていたのである。すでにスカウト陣は14試合も彼の試合を見ていた。

事情を知らない小野は、夏の甲子園大会では一回戦で敗退したが、秋の東京大会で早稲田実業から12個の三振を奪い、完封勝利を挙げている。本格派の左腕としてつとに知られていた。本人は在京球団を希望と新聞各紙は書きたてた。

だが、河西ら近鉄スカウト陣は、創価高校の監督にも内々に話をしてあった。

「この話は本人に絶対にしないでください。情報が洩れるとまずいですから」

小野は近鉄が水野を一位指名するものと信じていた。

近鉄が正式に一位指名を水野から小野に変更したのはドラフト会議の前夜、十一月二十一日だった。しかも夕方の五時半に都内のホテルで会議を開き、球団代表、監督、全スカウト出席の上、変更を決めたのだった。

ドラフト会議当日、『報知新聞』は「小野、日本ハム以外は進学」と書いた。近鉄だけでなく他球団も、水野の獲得を断念し、小野に変えたことを、小野サイドは安易な方針だと反発したのである。

実際ドラフト会議で、小野は一位指名に驚いた。第一回交渉には監督の岡本伊三美自ら出馬して、難航と見られた交渉もスムーズに進んだ。契約金など条件も大物スター選手の水野雄仁や享栄高校のスラッガー藤王康晴と同等だった。水野は巨人に、藤王は中日に希望どおり一位指名されている。

ドラフト会議前日に方向転換が決まり、河西はすぐに小野に電話を入れた。

「君を一位指名にと考えておる。どうかそのときはよろしく」

「水野に断られたから僕のところに来たんでしょう」

河西はキツイ一言やったなと何度も振り返ったという。小野は入団一年目に初先発初完投勝利を挙げ、早くも江夏二世と注目された。入団三年目の昭和六十一年に台頭。14勝を挙げてチームトップの勝ち星を稼いだ。以後11勝（チームトップ）、10勝（同三位）、12勝（同二位）と四年連続二桁勝利を挙げ、左のエースとして活躍した。

水野は先発投手として10勝を挙げた年もあったが、故障に泣き、中継ぎなどリリーフに回ることが多くなった。結果論になるが、勝ち星で比較すると、水野39勝、小野82勝、勝負は小野に軍配が上がった。この年、近鉄は二位に箕島高校の投手吉井理人《まさと》、三位に大牟田《おおむた》高校の投手村上隆行、四位に上宮高校の捕手光山英和などを指名し、入団させているところも特筆すべき点だ。

吉井はキレのいいシュートを武器に昭和六十三年に最優秀救援投手（34セーブポイント）となり、平成二年までリリーフエースを務め、後ヤクルトを経てメジャーリーグでも活躍した（現千葉ロッテコーチ）。村上は野手に転向し、入団二年目で遊撃のレギュラーとなり、昭和六十一年には22本塁打を打った。光山は強打の捕手として、野茂英雄の女房役を務めた。

今でも伝説の試合と語り継がれる昭和六十三年の近鉄対ロッテのダブルヘッダー「10・19決戦」の檜舞台で活躍したスター選手や、翌年リーグ優勝したときの主力選手が次々と近鉄のユニフォームに袖を通し始めた。

河西は策を弄さない。自然に出る言葉だから、相手の胸を打った。地方の選手に事前の挨拶に行くとき、まず優しく語りかけた。

「大阪、行ったことあるか?」

両親には、

「これから大阪までの回数券いりまんな」

と解きほぐしてゆく。そして母親にゆっくりと語りだす。

「可愛い子には旅をさせろと言いますが、お宅のお子さんはそういう星の下に生まれているのかもわかりませんな」

母親がプロで通用するか不安だと答えれば、河西はさらに身を乗り出して言う。

「あとは本人の努力次第です。お子さんは性格的にひたむきに野球する子だと思います。人に言われんでもランニングするとかね」

それでも母親は、「でもうちの子はちっとも練習しないんです」とじらしにかかる。本心はもっとわが子を褒めてもらいたいのである。ここが女性心理の微妙なところだ。

河西は動じることなくさらに言葉を継ぎ足してゆく。

「そんなことあらしません。お母さんから見たらそうかもしれんけどね、あの子は陰でする子ですわ」

「……そうでしょうか」

母親の顔から照れ笑いが消える。そしてふいに黙り込む。じっと河西に視線を注いでいる。ここで殺し文句を待っているのである。彼は小さい声で呟く。

「あの子は一本立ちする子ですわ。大丈夫です。スカウトは第一印象を大事にするんです。自慢やないが、お爺ちゃんの第一印象はまず当たります。ピーンと来たら、みんなええ子です。息子さんもそうでした」

母親が一心に見つめている。河西は笑う。

「僕ももう一回この土地に来たいと思うてますのや」

そして選手の手を取ると強く握り締め、

「ええか、もしウチが一位指名したときは、気持ちよく来てくれるよな。大丈夫だよな」

河西に微笑《ほほえ》まれると、頑なな選手の気持ちもほぐれてくる。強い拒否の気持ちがあっても、つい笑ってしまうこともある。さらに彼は選手の顔を強く見つめて言う。

「ええか、病気するなよ、怪我するなよ。それから自動車の運転は厳禁やで」

息子に対する親心だった。あるいは契約金で交渉が難航すると、

「お爺ちゃんの最後の願いを聞いてくれ」

と泣き落としで入団させた。プロではやってゆく自信がないという選手には河西はこう言った。

「私はプロでやれますという自信のある子は、ちょっと待て、それは自信じゃなく過信やと言うんや。だから不安があって当然や」

どの言葉も嘘偽りのない河西の実績から出た真実である。正式に契約が済めば、選手にこう言った。

「もう今日から君は、ウチの人間や。もう君なんてつけんぞ。呼び捨てやぞ」

選手は緊張気味にうなずいた。

獲得はできなかったが、河西が目をつけた選手に佐賀北高校の岸川勝也がいる。平成十九年に〝がばい旋風〟で甲子園優勝した公立高校だが、外野フェンスには「岸川ネット」と呼ばれる高さ一〇メートルのネットがある。あまりに場外弾の多い彼の強い打球が民家、商店を直撃したため、急遽作られたものである。外野フェンスにはポプラ並木が立っていたが、木を全部切ってネットを作った。それでも推定飛距離一〇〇メートルの打球はネットを軽々と越えていったという。岸川も場外弾を好調のバロメーターにしていた。

今の選手たちもたまにネットを越える打球を飛ばすが、岸川には遠く及ばない。彼は県予選の決勝で敗れているから、甲子園には出ていないが、河西が注目した打者である。

パンチ力は並外れていたが、三塁の守備はお粗末だった。典型的な打つだけの選手である。一八〇センチに九〇キロを超える巨漢。腕っ節は丸太のように太い。その巨体から弾き出される飛距離もよかったが、河西が惚れ込んだのは、バッティング・アイだった。どんな球でも瞬時に判断する目のよさ。ボール、ストライクの見極めのよさ。これは持って生まれたものだ。守備は鍛えればある程度までは向上する。だが目のよさ、動体視力は、才能である。河西は敏感にも、荒削りの豪打の中に岸川の繊細な資質があることに気づいていた。

岸川は、南海ホークスが三位で指名して、近鉄は獲得できなかったが、球団がダイエーホークスに身売りされた頃、彼の実力は開花した。平成元年から三年連続で20本塁打以上を打ち、若き大砲と呼ばれた。半月板を損傷し、代打専門になったが、移籍先の巨人でも左殺しとして優勝に貢献した。

翌昭和五十九年のドラフト会議では、一位に近畿大学呉《くれ》工学部のエース佐々木修を指名した。佐々木はサイドスローからの力強い速球を武器に、カーブ、シュート、スライダー、シンカーと多彩な変化球を投げ分ける投手だった。公式戦では22勝3敗の成績で、全日本大学選手権には三度出場している。即戦力の呼び声が高かった。

河西は見ていた。

「バネもあり、膝も柔らかい。フィールディングもいいし、度胸もある。これからは左打者に対する攻めが課題やな」

佐々木は就職が内定していたが、河西の言葉でプロ入りを決めた一人である。確かに実績はあったが、そのほとんどの勝利は広島六大学相手である。中央の球界で自分のレベルがどの程度なのか判断がつかなかった。プロ入りへの一番の支障は、やはり「やれるかどうか」だった。このころ河西と編成部長の梶本豊治は、佐々木の許へ通いつめていたが、河西は彼の不安を見てとると、力強く言った。

「君の力なら、必ずプロでやれる。過信は困るが、自信は持ってもらって大丈夫や」

この一言で迷いが吹っ切れたという。

佐々木は入団一年目でプロ初先発初完封勝利を挙げ、二年目に8勝を挙げ頭角を現した。平成三年には10勝を挙げた。惜しむらくは左膝を痛めて活躍が続かなかった点である。通算36勝。引退後オリックスで一軍投手コーチを務め、現在は解説者として活躍している。

二位指名した「高校球界ナンバーワン遊撃手」と折り紙のついた吉田剛は難航した。彼は茨城県の取手《とりで》二高の主将として、桑田、清原のいるPL学園高校を破って甲子園大会で優勝している。決勝戦では桑田から本塁打も打った。とくに光ったのは遊撃手としての状況判断の迅速さだった。だが吉田はすでに東京六大学への進学希望を打ち出していた。二位指名が決まっても、一回目の交渉から拒否の姿勢を打ち出していた。吉田サイドは、

「近鉄には悪いが、次回は正式にお断りする」

とコメントを出していた。内心プロに行きたかったのだが、家族の進学希望の意見を尊重していたのだった。吉田は交渉のとき初めて河西に会っている。事前に西武も獲得の意向を示していたが、彼は「広岡監督のおられる西武だったらいいな」と内心思っていた。広岡達朗が彼を高く評価していたからである。近鉄も櫟スカウトが追っていたが、茨城県育ちの吉田は近鉄というチームをよく知らなかった。それでも近鉄は二位に指名した。近鉄と西武が重複したが、抽選で近鉄が交渉権を獲得した。

「はっきり言ってショックでした」

と吉田は言う。指名された当日、河西が挨拶にやって来た。入団したくない気持ちが強かった吉田はそのときの印象はほとんどない。ただ柔らかい感じだったが、眼光が鋭かったのを鮮明に覚えている。

二回目の交渉は、ドラフト会議から八日後の十一月二十八日に行われ、深夜まで説得したが吉田の結論は拒否のままだった。河西は大人しく、表情も変えずに話を続けたという。

「でも君はプロのほうが向いてる気がするなあ」

と呟いただけだった。そのとき河西は吉田の野球センスを見ていたことがわかる。

「これ（センス）がないと上ではやれんからなあ」

近鉄には遊撃の人材が不足していたこともわかった。

「チームを代表するショートになれ」

と言われもしたが、チームのことをよく知らないから何とも答えようがなかった。ただ河西も世間話から入ったり、のらりくらりとしていて、絶対に入れとは言わなかった。

吉田は回顧する。

「河西さんは乗せるのが上手いし、やる気にさせてくれました。殺し文句はありませんでした。やはりチームにとって人は一番の財産ですからね」

だが吉田は明治大学への進学をいったんは決めた。河西は十二月十二日、新聞報道でそのことを知った。彼はコメントした。

「はい、そうでっかと諦められる問題じゃないわ。冷却期間を置いて交渉を再開したい」

交渉は年を越し、一月半ばに、近鉄は獲得断念を宣言した。ところが二月初旬に急転直下、近鉄入団が決まった。プロ入りに反対だった母親を説得できたからとも言われる。四回目の交渉で、吉田は入団を決めたわけだが、すでにキャンプは始まっていた。吉田に言わせると、明治大学の練習を見に行って、「自分にはとても務まらない」と感じた。そうなると本来プロに行きたかった気持ちが頭をもたげてきた。それが急遽プロ入りの真相だった。

このときの河西の反応は「えっ!?」という驚きだった。そこに「よう決めたなお前」という思いが込められていた。

吉田は巧みな守備と勝負強い打撃でチームを支えた。そして平成十二年に阪神に移籍、翌年、現役生活を終えた。出場試合数1012、安打478、生涯打率.243。盗塁数125は特筆していいだろう。

吉田は言う。

「近鉄の練習はめちゃくちゃ厳しかった。選手もみな一匹狼みたいな侍が多かったですね。癖はあるけど、試合になったらまとまる。それが伝統だったように思いますね。コーチも監督もそうでしたね。怒ることは怒るけど、自分の責任は果たしていました」

彼は近鉄の強さを、各選手がトレードで他チームに行ってもレギュラーを張れるだけの力を持っていることだと考えている。トレードはどうしても生え抜き選手が有利になり、与えられるチャンスも少なくなる。吉田がいた頃も、野手では金村義明、石井浩郎《ひろお》、中村紀洋、投手では小野和義、吉井理人など、トレードはされたが移籍先でも活躍した選手が多い。トレードされた選手だけでも一チームできるほどの陣容が揃っていた。

「こういう主力選手が言うことは言っちゃうし、朝まで飲んでも、飲んだから余計にやらなければならないと思った。近鉄のよさは個人を認めてくれたことでしたね」

かつての西鉄ライオンズを彷彿とさせる野武士軍団。選手が大人しくなった昨今では近鉄バファローズというチームは極めて珍しい存在だったと言わなければならない。

昭和の末期から平成の初頭まではドームの球場は少なかった。雨が降ると、選手たちは嬉しがった。

「明日は試合休みや」

そう信じて夜遅くまで飲むと、次の日はからりと晴れていることもあった。彼らがスポットライトを浴びた藤井寺《ふじいでら》球場も、日生球場も、大阪球場も、平和台球場も、西宮球場も今は姿を消した。野球は新しい時代に突入したのだろうが、人間臭さや個性も一緒に剝ぎ取っていったような気もする。その中に近鉄バファローズというチームもあった。

この年（昭和五十九年）は近鉄の補強が、大成功した年だった。三位指名の和歌山県の新宮高校のエース山崎慎太郎は、常に10勝前後を挙げる先発の柱として活躍した。四位指名が新日鉄大分の捕手山下和彦だ。彼は入団二年目から正捕手を務め、平成元年のリーグ優勝のときベストナインにも選ばれた。五位には電電北海道の外野手鈴木貴久を指名した。

鈴木貴久を最初に見たのは櫟信平だった。鈴木はパンチ力があり、長打も打てたがとにかく大振りだった。選球眼も悪く、確実性にも疑問があった。それでもこれらの欠点を補って余りあるほど、強打の打撃力は魅力的だった。櫟は河西を呼び相談した。河西も「ちょっと大振りやけどいい打撃センスしとるな」と呟いた。河西も彼の力量を見抜いていたのだった。櫟はどうしても鈴木を獲りたいと主張した。

「ただ他にも欲しい選手がいるんや。櫟さん、五位か六位でいいか」

鈴木には他球団もマークするようになった。よそに獲られはしないか、心配したが無事に指名することができた。彼はプロ入りして大化けした。昭和六十二年から四年連続して20本塁打以上を打った。昭和六十三年の「10・19決戦」の第一試合では、9回の表に梨田昌孝のヒットで二塁から生還、決勝のホームを踏んだ。コーチの中西太《ふとし》と抱き合う姿は今でも語り伝えられる名場面である。平成十六年に病のため四十歳の若さで急逝したのは惜しまれる。

次々とスター選手を獲得した河西の心配事は、入団してからも続いた。彼らが一軍で活躍できるかどうか、である。自分の担当した投手が初めてプロのユニフォームを着て、一軍のマウンドに立ったとき、河西はとても嬉しい。だがすぐに喜びは消え、心配に覆われる。

「四球を出さないでくれ。バックが足を引っ張らないでくれ」

そればかりを考えるようになる。彼は選手を獲得した後も心配は消えなかった。

磐石の近鉄スカウト陣

河西が来てからの近鉄バファローズの成績は、昭和五十二年四位、五十三年二位、五十四年一位、五十五年一位、五十六年六位となっている。「河西の行くところに優勝あり」というのは広島の木庭教スカウトの弁だが、確かにそのとおりだろう。阪神タイガースも、昭和六十年にリーグ優勝、日本シリーズでも西武を破って日本一になっている。このときの主力メンバーに、掛布雅之、山本和行、工藤一彦ら、河西の担当した選手がいる。スカウティングの強さが、いかにチームの上昇に大切なことか、一つの事例として示している。

近鉄は昭和五十六年限りで、監督の西本幸雄が退任したが、その後関口清治、岡本伊三美監督を経て、昭和六十三年から仰木彬《おおぎあきら》が監督となった。この年二位、翌平成元年にリーグ優勝を飾った。

チームの強さは、選手、コーチ、監督という現場と、編成というフロントの力が組み合わさってできるものだ。どちらか一方が欠けても強いチームは生まれない。

このときの近鉄というチームが理想的な形だったと言える。パ・リーグの在阪球団で決して希望する選手が多いわけではないのに、有望な選手をスカウト陣が発掘し、入団させ、それを現場で指導し、一流の選手に育てる。今更ながら、スカウトの影響力を知らされる思いがする。その中心にいたのが河西だった。

岩木康郎というスカウトがいる。もともとは近鉄の捕手を務めていた。一七〇センチと小柄だが、激しい闘志の持ち主で、全盛期の鈴木啓示の球を受けていた。ベンチの登録外なのに退場処分を受けたという珍しい記録がある。ブルペン担当コーチのとき、たまたまグラウンドで乱闘が始まり、出て行ったら退場になってしまったのである。気性が激しいから、乱闘になると、どうしても中心になり、退場になってしまうのである。ベンチ入りが始まると、ベンチにいる者は全員出動しなければならない。ベンチ入り登録されていない岩木も、グラウンドに出て行き、飛び蹴りを相手チームの選手に見舞った。ただこの闘志がチームに勢いをつけたのも事実である。

当時の監督西本幸雄は「お前ら、岩木のように勝負せんか」ともの凄いはっぱをかけたという。監督が仰木彬になってからのことである。ある試合で乱闘が起こったが、ブルペンコーチの岩木は、ブルペンにいた投手たちを乱闘に行かせなかった。冷静に投球練習を続けていたのである。その試合後、監督の仰木が、彼を怒鳴った。

「何でお前らは、出ていかんのじゃ！」

近鉄とはそんなカラーのチームだった。さて、岩木は昭和六十三年からスカウトになった。チーフスカウトだった河西とはそれまでも接点があった。岩木が二軍のコーチをしているとき、河西がふらりとグラウンドにやって来た。自分が獲得した選手が気になって、見に来たのである。

「このピッチャー、クセはこうやろ。頼むで」

「この選手は、ここをよう見とってや。こいつのええときは、これやからな。ここを大事に見とってや」

投手のフォームが変わっているときは、かなり敏感になった。

「お、フォーム変わっとるやないか」

「こいつ肩壊したん？」

あくまで指導はユニフォーム組の仕事だが、どうしても気になってしまうのだった。

昭和五十八年、コーチだった岩木は河西の仕事を手伝ったことがある。岩木はビデオを持って、河西と選手を見に行った。このとき岩木は前橋工業の投手渡辺久信（後西武、現ゼネラルマネージャー）と池田高校の投手水野雄仁、そして創価高校の左腕小野和義、沖縄の興南高校のエース仲田幸司（後阪神）などを見た。この中で一番の素材は渡辺久信だった。速球は速かったし、カーブのキレもよかった。

岩木はいつもブルペンで投手の球を受けているから、球の速さ、威力を肌で感得することができる。その目で見て、渡辺は申し分なかった。

ドラフト会議が近づいた頃、岩木は河西に言った。

「右だったら渡辺、左だったら小野がいいでしょう」

河西は、若い岩木の意見にも耳を傾けてくれた。

「やっぱり小野がいいか」

「将来性では仲田幸司だと思いますが、すぐに使えるのだったら小野がいいですよ」

小野はこの年、近鉄がドラフト一位に指名した。河西は、彼の眼を信頼して、後にスカウトとなってからも、「バッテリーのほうのスカウトはお前に任す」とまで言ってくれるようになった。

正式にスカウトになって、河西から最初に教えられたのは、対応の仕方や話し方などだった。それまではユニフォームを着て一年契約で生きてきたから、毎年が勝負のつもりで過ごしてきた。だがスカウトは激しさよりも、見た目の温厚さが必要とされる。

「こういうふうにしゃべって、こんな情報を得たりするんやで」

と河西は言ってくれた。見習いとして、河西について回る日が続く。高校の監督には偉そうな口調で話す人も多い。そのとき相手のペースに乗せられないで、笑いでごまかしたりする方法を覚えた。その中で、お互いが打ち解けた頃、

「いつもこの地区で試合をしていて、いいセンスを感じた選手はおりますか」

と思い切って聞き出すのである。

河西も岩木に目をかけてくれ、できるだけ付き添いをさせるようにした。

「ワシは、今日は体調が心配なんや。ちょっとビデオ撮ってくれんか」

じつは体調は悪くなかった。河西なりの気遣いだった。そのとき、彼はこう言った。

「ええか、選手の第一印象を大事にしとけよ」

よければ、その選手の特徴や、どこがいいのかを聞かれた。岩木も思ったままに話をするが、選手を獲ると決めるまでに河西はかなり詳しく聞いてきた。球団内部の人間は河西は「即決のスカウト」と知っていたが、他球団のスカウトは、

「カワさんは〝柳に風〟や」

と揶揄した。飄々《ひょうひょう》として何を考えているか、明らかにせず、なかなか選手を獲るかどうか決めないというのである。だがそれはカムフラージュだった。

岩木は言う。

「河西さんは、なかなか決められへんと言う人もいましたが、自分でこれやと思ったら、みな決めていましたね」

各地区に担当のスカウトがいるが、ここから選手の報告が上がってきたときのことである。通常河西は関西にいるから、北海道や関東、九州に行くことは少ない。ただ有望な選手が上がってくれば、その地域に足を運び、自分の目で確認することになる。このとき、担当スカウトが「一応いいみたいですから、見に来ていただけたらいいんですが」という気の弱い言い方だと、河西は動かない。

「この子はいい選手です！　すごいええ選手です。ぜひお願いします！」

そう言えば河西も動いてくれ、獲ってくれることが多かった。

河西の独特の見方も岩木は知るようになった。こと打撃についてはリストの強さ、バットのヘッドスピードを重視した。投手は手首の柔らかさ、それがいいカーブを放れるかどうかの目安になった。選手の遠投にもよく目を光らせていた。

河西は、わざと岩木に聞いた。

「お前はどや？」

岩木も自分なりに評価をしてみる。河西は黙って聞いてくれたが、本心はどうなのかなと気になった。

岩木は言う。

「ああこいつ間違っているなと思っているのかわかりませんけど、意外と聞いてくれました ね。ただ判断はご自分でされてました」

いろんな意見が各スカウトから寄せられるが、それをまとめるのは上手かった。

河西は岩木に時刻表の見方も教えた。今のようにインターネットで路線の検索はできない時代である。地方に行くときは、いかに効率よく乗り換えるか、複雑な乗り換えを時間のロスなくできるように言ってくれたのである。それでも岩木は最初の頃は、読み方がわからずに急行に乗るべきところを鈍行に乗ってしまったことがあった。そんなとき河西は時刻表を取って「ここに書いてある」と教えてくれた。

他球団のスカウトもいろいろと教えてくれたが、河西は言った。

「なんぼ親しくしても指名するときは騙し合いやからな。うちが上位で獲らんと言うて、他球団が先に指名してもっていかれても、騙されたとか絶対になしや。獲る獲らんはチームの事情にもよるから、みな怒りっこなしや」

その代わり、他球団がどう出るかは察知しなければならない。球場に選手を見に行く。この時代は情報網もだいぶ整備されていたから、有望な選手のいるところには他球団のスカウトもいる。

どのスカウトがどの選手をチェックしているかを覚えておけと河西は言った。そのスカウトが試合のどの場面で席を立ったかということも、である。そうすれば、そのチームがどの選手、どのポジションの選手を欲しがっているかがわかってくる。

近鉄のスカウトが見に行くと、いつも来ている他球団のスカウトがいる。当然チェックしている選手が重なっている可能性が高い。相手も同じことに気がつくはずである。そんなときはそのスカウトの横に座って話しかけて、指名順位の予想などを言葉尻から勘ぐるのである。

たとえばある選手について、近鉄は四番目の評価であるとする。しかし相手が来ているとなれば、横取りされないように評価の順位を上げ、上位で指名するという方法もとった。

岩木も経験を積むと、一人で選手を見て判断するようになる。たまたま岩木が見たとき、第一印象がいい選手がいたとする。そこでチーフの河西に来てもらって、最終的な判断をしてもらう。そこでその選手が打ってくれればいいが、打てなかったときは、河西の評価も下がる。運不運というがそれは致し方ない。

幸いその選手が活躍すれば、河西はスカウトたちにこっそりと言った。

「それ行こう。ようパクれよ。よそには絶対ばらすなよ」

さらに河西は言った。

「指名順位がケツのほうで評価が低くてもいい、こういう形の選手を、このポジションに欲しいから幅広く見ておいてくれ。五位、六位で獲っても当たったら儲《もう》けや」

またこうも言った。

「ええと思って獲っても活躍せん奴はなんぼでもおる。五人なり六人なり獲って、その年に一人でも活躍してくれたらめっけものや。獲った選手が全員活躍することはない。一人でも出てきてくれたらスカウト冥利や」

三月には百人を超える選手がリストアップされる。幅を広げて選手を見て、六月あたりからリストアップされた選手を絞り込む。それまでに地方回りも済ませる。秋のドラフト会議に向けてさらに絞り込んでゆく。それが五十人になり、そこからデータを分析し、篩《ふるい》にかける。苦しい作業だった。この頃になると体調を崩すスカウトも出てくる。

河西自身がそうだった。この頃は毎年胃痛に悩まされ、食欲もなくなった。

「もう選手と上司の板ばさみや。嬉しいのは入団発表の一瞬だけや」

「スカウトは黒子」がモットーの河西らスカウト陣の最大の楽しみは、選手たちの入団発表である。彼らはひな壇に上がることはない。監督を中心に、入団する選手たちが全員ガッツポーズを取る。それぞれが満面の笑みで、立っている。スカウトたちは舞台の陰に隠れて、そっと見守るのである。

喜びの余韻に浸ることもなく、すぐに頭を来年の補強に切り替える。その年のドラフト会議が終われば、すぐに来季の会議が行われる。今度の補強するポイントは左打者か右打者か、高校生か、社会人かなど方針を決めるのである。また大変な仕事の繰り返しである。

阿波野を一位指名

昭和六十一年のドラフト会議では、後にチームのエースとなるスター投手を獲得した。亜細亜大学の左腕阿波野秀幸である。阿波野は、入団した年に15勝12敗、防御率2.88を残し新人王に選ばれた。とくに201奪三振は、両リーグトップだった。平成元年は近鉄がリーグ優勝した年だが、彼は19勝を挙げて最多勝利、最多奪三振、ベストナイン、ゴールデングラブ賞のタイトルを獲得した。

阿波野については、昭和六十三年の「10・19決戦」で、ダブルヘッダーの試合を悲壮な姿で、二試合を、先発にリリーフに投げ続けた印象がファンの脳裏に強く残る。細身の体で甘いマスク。女性ファンも多かった。関西の男臭い球団に阿波野のタイプは珍しかった。

関東担当の櫟信平は、とくに阿波野のスライダーに惚れ込んだ。これは一級品だ、どうしても欲しいと思った。東都大学歴代七位（当時）の32勝を挙げ、四年生の秋のリーグ戦では、リーグ最多の9勝を挙げた。実績としては申し分がない。

河西は、彼を見て直感で閃くものがあった。マウンド上の身のこなしが、かつて阪神時代に獲得した左腕の山本和行に似ていたのである。牽制などの動きも、どことなく山本を思い出させた。一つひとつにセンスが光るのである。

ただ河西の目には、阿波野は線が細いように見えた。顔つきも優男である。プロでもっとも必要な激しい闘争心があるのか彼は気になっていた。阿波野が四年生のときの秋のリーグ戦だった。亜細亜大学が勝てば優勝が決まるという試合で、阿波野はブルペンで投球練習をしていた。マウンドでは控え投手が投げている。チームがピンチを迎えているのに、自分にはお呼びがかからない。監督が、彼の連投の疲れを心配したため、投げさせなかったのである。

「なぜ俺に投げさせないんだ！」

マウンドに呼んでもらえない悔しさに、彼はグラブをフェンスに叩きつけて怒った。河西はスタンドから、試合の成り行きよりも、阿波野の行動をずっと見ていたのだった。ふだんのしぐさにその選手の本質があるというのが河西の信条である。

このとき河西は、阿波野を「この気の強さは絶対にプロ向きだ」と確信した。

だが阿波野は在京のセ・リーグを希望した。ドラフト会議では、彼の意に沿うように、巨人、大洋が一位指名で来た。そこへ強引に近鉄も一位指名を行った。近鉄だけは事前に大学側に挨拶もなかった。ところが抽選で近鉄が交渉権を獲得してしまった。

なぜ近鉄だけが指名の挨拶に行かなかったのか。じつは河西が阪神のスカウト時代に、同じ亜細亜大学の左腕山本和行を入団させた経緯があったから、大丈夫だという思いもあったのだろう。

だが阿波野自身は「一位は光栄です。でも近鉄は考えてなかったので」と口を濁すのが精一杯だった。担当スカウトの櫟信平に対しても、亜大の矢野総監督は「帰れ！」と叱った。矢野は義理人情を大切にする人だったので、事前に挨拶なしの指名は誠意を欠くと思ったのである。近鉄は指名の日から十日ほど時間を置くことにした。

阿波野は、結局近鉄に入団する。それには彼が投手であることが大きかった。投手は野手に比べ寿命が短い。しかも二十二歳から二十六歳までは投手として旬の時期である。プロに入るには今が一番いい年齢である。しかも近鉄であれば、自分の力だとローテーションに入ることができそうだと現実的に判断したからである。

　彼が河西と初めて会ったのは仮契約のときである。

「年齢からもお父さんみたいだな」

と思った。河西は、彼にいろいろと助言してくれた。とくに大阪のメディアはいいときにはたくさん褒めてくれるが、悪いときは掌を返したように悪く書くことも教えてくれた。関東で生まれ育った阿波野は関西を知らない。河西は来阪する阿波野を新大阪駅まで迎えに行って、地下鉄に乗せて藤井寺球場まで連れて行ってくれた。大阪の交通機関を覚えさせるためである。さらに関西のうどんを食べさせて、関西の文化を教えようとした。

　阿波野は言う。

「僕が春先から結果が出るようにしてくれたのも河西さんのお陰だろうと思います。環境的なことから教えてくれましたし、生活に慣れないと実力も発揮できないからということですね」

　とくに近鉄に入団してからは、大学の先輩の山本和行を引き合いに出して励ましてくれた。ともに河西が獲得に携わった投手で、同じ左腕という点でも共通していた。

「山本に近づいてきたな。山本を超えてきたな」

　自分の大先輩と比較されることで阿波野も嬉しかった。彼が新人王を獲ったとき、河

西は納会の席で自分の息子のようにねぎらいの言葉をかけてくれた。河西は後々まで、

「お前の入ったときを思い出すなあ」

としみじみと語ってくれた。河西は決して愚痴を言わない人だった。だが一度だけ、彼は愚痴をこぼしたことがある。阿波野が近鉄を去るときだった。

関東で生まれ育った選手を大阪まで引っ張ってきて、関西の生活に慣れさせて、近鉄で一時代を築いた名投手。彼にとって他球団のほうがより力を発揮できると、球団の事情で巨人にトレードになった折のことだった。

「ほんまに淋しいわ」

河西はそう嘆き、肩を落としていた。

阿波野は、河西ら近鉄スカウト陣の功績として、指導者が今も各球団にいることを挙げている。

近鉄というチームは今はない。だが、河西が関わった選手たちは、多くの球団で指導者として活躍している。平成二十年に日本一になったときの西武ライオンズの投手コーチは小野和義である。横浜の二軍バッテリーコーチの山下和彦、北海道日本ハムファイターズの内野守備コーチ真喜志康永、二軍投手コーチの吉井理人、東北楽天ゴールデンイーグルスの二軍投手コーチの髙村祐《ひろし》など枚挙に暇《いとま》がない。自分の古巣の球団であれば、論功行賞的な意味合いもあって、球団に残る場合もあるだろう。しかし、他球団で

手腕を振るうということは、それだけ技術的な指導力、人間性の素晴らしさを認められている証《あかし》である。

そこに近鉄というチームの底力を見る思いがする。

ドラフト四位ストッパー赤堀元之と去って行った一位、田中宏和投手

近鉄のストッパー赤堀元之は、ドラフト四位で指名した投手だ。平成四年から三年連続最優秀救援投手賞を獲得し、リーグを代表する守護神になった。

河西は、秋田県の金足《かなあし》農業の佐川潔という投手を見に行った帰りだった。佐川はこの年に巨人がドラフト三位で指名することになるが、そのときに河西と岩木は静岡に立ち寄ったのである。静岡高校がちょうど練習試合を行っていたからだった。

練習試合で投げていたのが静岡高校の右腕赤堀である。この当時のスピードガンは球速が遅めに出ていた。岩木が速さを測ってみると、速球が終速で１３３キロだった。初速であれば１４０キロ前後だった。今のスピードガンだったら、もっと速く出ていたことだろう。

球は計測値以上に、速く重く見えた。岩木は言う。

「実際はもっと出ていたと思うのです。それで河西さんが見られて、カーブがよかったということでした。即決です」

河西は、赤堀の投球を見ながら、

「カーブがええ。まとまっているけど、これはすぐにファームでも使える」

と判断した。彼は夏の大会では甲子園に出場しているが一回戦で負けているから、それほど注目もされなかった。当初は三位の指名予定だったが、京都の西城陽高校の投手田口茂樹を繰り上げて三位で指名したため、赤堀は四位になった。

河西はもともとスピードガンにそれほど重きを置かないスカウトである。やはり自分の目を大事にしていた。岩木が言うように、「実際はもっと出ている」という自分の感覚である。スピードガンに出ない球の重さ、キレも重視するポイントだった。

「やっぱ目で見んとあかん。150キロ出ていても、140キロのほうがええ奴がおるからな」

と語っていた。同時にストップウォッチも持っていかなかった。これも目で判断するためである。選手の足の速さを測るのにも、陸上競技のようにヨーイ、ドン！　でストップウォッチで計測するのではない。それと違った〝野球足〟があるというのが河西の考えだった。

相手の嫌がるずるい走塁、上手い走塁、盗塁のスタートの良さ、状況に応じた判断力、野球足とはそのようなものである。いくら足が速くても、盗塁ではモーションを盗めず、スタートが遅かったらセーフにはならない。河西は選手のそんな動きを重視するのである。

さて赤堀が入団し、二軍にいたときのことである。ある投手を一軍に呼び、放らそうと思ったら、何かの用事で九州に帰省していなかった。そこですぐに一軍で投げられる投手はいないかと首脳陣が探したら、このとき調子がよかったのが赤堀だった。とりあえず一軍で敗戦処理で投げさせると、完璧に抑えてみせた。ここから彼の力が認められ、リーグ屈指のストッパーが生まれたのである。

プロの世界では、どんな選手にもチャンスは数回は必ずあるという。ドラフトの下位で入った選手も同じである。要はその数少ないチャンスでいかに力を発揮できるかにある。一流選手はそうやってのし上がってきた。赤堀がそのいい例である。

「球場ではええことしか言うなよ。どこで誰が見とるかわからんからの」

河西は、ある日、隣にいた岩木に呟いた。その河西の言葉を実感するときがやって来た。その選手は広島にある社会人野球チームの投手だった。一七二センチほどしかない小さな投手だったが、140キロ台後半のスライダーとシュートが抜群に光っていた。以来、岩木は東京ドームの都市対抗野球でもずっと追い続けた。見るたびに即戦力の選手として欲しいと思った。結局、このとき準優勝し、その投手は大会の敢闘賞である久《く》慈《じ》賞を受賞している。

河西にも話して、「一位でどうですか」という話までした。

ある広島での試合だった。このとき河西も一緒にいたが、その投手はノックアウトされてしまった。この頃には、他球団もその投手の存在を知り、多くのスカウトが見に来ていたが、口々に言った。

「これはあかんわ」

だが岩木は、彼の投球を何試合も見ているから、本来の力を知っていた。

河西が、厳しい表情で見ていると、彼は言った。

「打たれたのは今日だけです。絶対にええ投手です。ふだんはもっとええ投球します。そら試合ですからたまには打たれることもありますわ」

「そうか、そんなに岩木が言うのやったら考えてみるか」

じつはこの真後ろに選手の父親が座っていたのである。

交渉の席では、その投手の父親は近鉄を勧めたという。ただ本人は在阪のセ・リーグを希望した。

その席で、父親は岩木に言った。

「いつも球場に来られていますよね」

岩木は、うなずいた。

「うちの子が打たれたときに、あなたは〝ええ〟と言うてくれた。私はあの子に近鉄を勧めますわ」

　この投手は、親と激しい議論になったが、最後は自分の意志を通して、セ・リーグの球団に行きたいと表明した。その数日後、岩木の許に、父親からの丁寧な断りの手紙が届いた。結局は近鉄に入団させることはできなかったが、河西は「それでええんや。ようやったお前は」と褒めてくれた。球団社長も「これは仕方ないわ」と慰めてくれた。その投手は、セ・リーグの球団で一年目に６勝を挙げた。とくに開幕３試合目の巨人戦に初登板、初先発し、好投した。だが肘の怪我に悩まされ、結局通算９勝で現役を終えた。

　岩木は言う。

「私は球場では絶対に悪いことは言いませんでした。それは河西さんに教わったことです。いつも付き添いで一緒に回ることが多かったから、〝こうやれ〟とは言われなかったけど、見ていて自然に教わっていたのですね」

　岩木は後に再びコーチとしてユニフォームを着ることになるが、グラウンドに戻ったときずいぶんと選手の見方が変わったという。それまではよく現場から、

「何でこんな選手を獲ったんや」

「何でこんなんをこんな順位で獲れるんや」

　という不満も聞かされた。だが自分がスカウトをやってからは内情を理解できた。ど

んな選手もスカウトが頭を下げてお願いしたから来てくれたのである。とくに近鉄は「行くのが嫌や」という選手も出てくる。それを順位を上にして獲ることもあったのだ。

その思いがコーチになって生きた。選手をとても大事に扱わないといけないなと考えるようになったのである。悪ければ悪いなりに立ち直るきっかけを与えなければならない。

河西はよく呟いた。

「今は、子供を型にはめようとする傾向が強いわな。これでは無理が出て、高校生くらいで故障するわ。早いうちからプロに行く気持ちを持つことはええが、もっとおおらかに、伸び伸びできる環境ができたらええな」

その後、岩木は再度スカウトも経験し、近鉄では計九年のスカウト生活を送った。オリックスに球団が譲渡されてからはスコアラーも務めた。

河西とともにスカウトをやった人物に西村俊二がいる。近鉄では昭和四十五年から十一年間二塁や遊撃を守った。彼が辞めた年に大石大二郎が近鉄に入団している。

「大石が来るから、お前はクビというのが私という選手です」

と苦笑するが、以来昭和五十九年から、九州担当のスカウトとして河西と仕事をともにした間柄である。

西村がスカウトになってすぐに言われたのは、

「第一印象がもっとも大切だ。何回も見ていたらアラが出てくる。二回目、三回目はいいところよりもどうしても悪いところが目についてしまう。いろんな欠陥があるから、とにかく第一印象を大切にせえ」

ということだった。河西はチーフスカウトだから、西村が推薦した選手を九州まで見に来ることがある。このとき河西は打者は一振り、投手は一球で、行くか、行かないかを決めた。これには西村も驚いた。チーフスカウトだから時間がなかったという事情もあるが、それだけ素早く人を見抜く、という河西の眼力を証明するものだった。

九州出身の選手で河西がもっとも評価していたのが、現在北海道日本ハムファイターズの選手会長の田中賢介と、横浜ベイスターズの主砲村田修一（現巨人二軍コーチ）だった。

田中は身長一七六センチと大きくはないが、二塁手として三度ベストナインに輝き、ゴールデングラブ賞も四度受賞した。シーズン犠打58（平成十九年）が歴代三位（当時）など攻守にわたって優れた選手である。

彼は東福岡高校時代に甲子園で松坂大輔と対戦し、ヒットを打っている。いわば河西に似たタイプの選手だった。

村田修一も、田中と同じ東福岡高校出身で、高校時代は投手だった。１４３キロの速球は魅力的で、甲子園では松坂と投げ合って敗れている。身長は一七七センチと、田中とそう変わらないが、河西は野手として評価し、将来的に二塁をやらせたいと語っていた。

「体は小さいが、リストが一番素晴らしい。これはよくなる可能性があるわ」

足も速く、リストが柔らかく、飛ばす能力に長けていた。結局、村田は進学希望という理由で獲得を見送ったが、その後日本大学を経て横浜に入団、本塁打王に二回、ベストナイン（三塁手）に一回（単行本執筆当時。以後三回選出）輝き、ワールドベースボールクラシックなど世界的な舞台での活躍は記憶に新しい。

もう一つ河西が目をつけていたのは、じつは桑田真澄と清原和博のＰＬ学園のＫＫコンビだった。春と夏の甲子園大会になると近鉄の各地区のスカウトたちも甲子園に集まってくる。

真夏の甲子園は蟬《せみ》の鳴き声がうるさい。河西は蟬時雨《しぐれ》の中で選手を見ることになる。

「ジージーうるさいな。あまりワシのことを呼ぶな」

そう呟きながらの選手観察だった。河西は桑田を投手ではなく野手として高く評価していた。桑田の野球センスは抜群だし、野手のほうが長くプロでやれる。ただ体が小さいから、ショートを守らせればいい選手になるなと語っていた。そのためにはいきなりプロでやるよりも、大学に行って磨いたほうがもっとよくなるとも考えていた。

清原は、河西の見ている前で、甲子園のもっとも深い右中間のスタンドに放り込んだ。とくに甲子園の舞台で本塁打を打てるということは、清原はそういう運を持った選手だとも思った。目立つ場所で活躍できる、結果を残せる選手は、プレッシャーに負けない集中力と運を持っているというのである。技術的には河西がよく言う「リストの強靭《きょうじん》さ。それも並外れたという形容がつくほどの強さ」だった。だからミートポイントのところで最大の力でバットが振れる。それが甲子園のもっとも深いところまで届く飛距離を生んだ。

河西が、走攻守まとまった、センス溢れる選手に注目してきたことには触れてきた。しかし、じつはそれだけではない。自分が体が小さい選手だったから、逆に体が大きく長距離を打てる打者にも憧れた。それは本人がいぶし銀の選手として活躍したものの、やはり小さい者は大きい者には勝てないという現実を見ていたからでもある。

もっとも、近鉄は昭和六十年のドラフト会議で、清原を獲りにいったが、南海、日本ハム、中日、西武、阪神と当時史上最多の六球団の重複の末、交渉権は西武に獲られた。以後の活躍は記すまでもない。

河西は言っていた。

「清原君は巨人を熱望していたが、クジに当たれば口説く自信があった」

東京に出張するときは、新橋で待ち合わせをして、そこで麻雀をしながら食事をする。

食べるものは七十歳を過ぎても、肉か鰻《うなぎ》、トンカツ、脂っこいものが大好きだった。焼き魚、刺身は全然食べない。酒は飲まなかったが、これらの重い食事が、河西のスタミナ源になっていたのだろう。六月、七月、八月は高校野球のシーズンで一日も休めない。かなりの重労働なのである。

そんな河西にも近鉄に来てから苦い思い出があった。それは平成六年にドラフト一位指名で獲得した田中宏和という投手のことだ。彼は奈良県の桜井商業のエースで、甲子園出場はなかったが、本格派の右腕として将来を嘱望されていた。夏の県大会では決勝で天理高校に0対1で敗れた。桜井商業にいい投手がいると聞きつけた河西はさっそく奈良に足を運んだ。彼は試合でなくブルペンを見ていた。ブルペンなら、投球練習をじっくりと見ることができるからだ。二、三十球投げた。河西は、凄いボールだと目を見張った。

「持ち前の速球に緩急を交える投球は高校生離れしている。二年後には第一線で活躍できる」

と河西は判断した。一八〇センチ、八六キロと体も大きく、横にがっちりとしており、一見すると野茂に似た逞《たくま》しさを感じさせた。一位指名が決まり、田中と交渉するとき、河西は彼の祖母と仲良くなった。河西は「おばあちゃん、元気かな」と言って、家に入っていった。田中のお祖母《ばあ》さんも、河西の人柄に好感を持って、「河西さん、元気ですか」

と彼がいないときも、担当のスカウトに聞くほどだった。

田中は独特のフォームをしていた。テイクバックの際、右腕が後ろに入りすぎるのだ。これは肩に負担がかかるが、このテイクバックが深いために腕が遅れて出てくるから、打者としてはタイミングが取れず打ちづらかった。しかもボールは曲球《くせだま》。マックス144キロの重い速球を投げると自然にムーブした。野茂のトルネード投法と同じで田中の個性だったのである。入団した一年目のキャンプは期待にたがわず、評判は上々だった。

いきなり一軍に抜擢され、投手コーチも「これは紅白戦でも使える」と言って、いきなり練習試合で放らせた。

彼の球を受けたバッテリーコーチも、初球をいきなり落球するほど、回転が少なく重い球だった。だが田中は高校三年生の七月の県大会が終わってから、全然練習をやっていなかった。しかし調子がいいものだから、指導者としては早くものにしたい。そこに焦りが生まれた。

「一、二年後に必ず出てくる素材だが、ひょっとしたら今年の後半戦にも出てくるかもしれない」

そんな評価がされた。しかし、十分に体力がつく前に投げさせられたため、田中は肩を壊し、二軍に落ちた。そこで指導者がさらにテイクバックが深いのを修正しようとした。田中も素直な人間だったから、コーチにフォームをいじられても何も言わなかった。

そのうち自分でもそのフォームが自分に合うのかわからなくなってしまった。

しばらくしてスカウトが田中の投球を見たときは、彼の持ち味の大きなテイクバックから投げる曲球は見る影もなく消えてしまっていた。

結局は本人が優しすぎた、ということになるのだが、体もできていない高校生なのだから、そのまま大事に育てていればエースになっていたのにと、河西も残念でならなかった。

今の高校生は、ジャンクフードで育っている世代だ。キャンプでもあまり食事はしない。食事を残して夜コンビニエンス・ストアで菓子を食う。体は大きいがじつは脆いのである。

河西も、

「フォーム変わっとるやないか。肩でも壊したんか?」

と察知したが、もう遅かった。お祖母ちゃんは孫のことを心配して、よく河西に手作りの餅を送ってくれていた。それだけに孫の彼を一人前にできなかったのは残念でならなかった。

「スカウトは漁師。監督、コーチは料理人。両方が上手く行かないと選手は育たない」

その重要さを、残念な形で示してしまった。

あるスカウトは言う。

「田中は体もできていないのに覚えることが多すぎたんです。体のできている子と同じにさせたらダメになる。スカウトの立場からしたら二年から四年はいい体を作って壊れないようにしてから鍛えてほしいと思います」

田中は現在サラリーマンとして生活している、とのこと。実際に担当した堀井和人スカウトには今でも年賀状を出しているという。彼の律儀な性格が伝わってくるようである。

しかし、自ら見出した選手が早々と解雇されることほど、スカウトにとって辛いことはない。

「四年預からしてください」

と親に頼んで獲得しても、チームの編成上、二年で解雇されるときもある。とくに最近のプロ野球は早く選手に見切りをつける。このときほど担当スカウトがショックを受けることはない。大きな故障をした、というのならまだわかる。だが二軍で二年間伸び悩んでいるという選手も、解雇の対象になってしまう。今の子供は体は大きいが、体力はない。プロの体になるまでに時間がかかってしまう。だから一年でも長くいてほしいというのが河西たちスカウトの願いだった。

「もうクビや言われました」

スカウトが親に頭を下げて「一人前にします」と約束しながら、志半ばでチームを去らなければならない。スカウトがあちこち駆け巡って、球団に残る道や、他のチームでやれる方法はないか探すのも道理なのである。

河西はよく言っていた。

「辞めるときは担当のスカウトにも知らせてくれ。仕方のないことかもしれんが、どこか他にないか、球団にもスタッフとしてもってゆけるから」

選手に惚れ込んで獲っても、選手が辞めてゆくときは、獲りっぱなしではいけない。しかし一生懸命になって獲得しても、何の手助けもできない。担当スカウトが知らなかった、というケースもある。河西は最後まで選手の行く末を気にしていたのである。

野茂を一位指名

平成元年のドラフト会議はどこを見ても「ノモ、ノモ、ノモ」であった。ただしこの年は他に投手がいないわけではなかった。NTT東京の与田剛もいたし、ヤマハの西村龍次もいた。松下電器の潮崎哲也もいたし、早稲田大学の小宮山《こみやま》悟、東北福祉大学の佐々木主浩《かづひろ》もいた。いずれもプロでエースとして活躍することになる投手である。しかし、この逸材の中でも新日鉄堺《さかい》の野茂英雄が群を抜いていたのはたしかだった。与田は中日以外には行かないと強く表明していたし、佐々木も横浜希望だった。潮崎もヤクルトの辣腕スカウト片岡宏雄が食い込んでヤクルトにほぼ内定している状態だった（後に大逆転で西武にさらわれた）。

さてそうなると投手陣の粒は揃っているが、「どこでも行きます」と公表しているのは野茂などごく僅かである。あと可能性があるとすれば、西村龍次、小宮山悟の二人だけだった。

野手には上宮《うえのみや》高校の元木大介がいたが、彼は巨人一本だったので（結局ダイエーから一位指名されて入団拒否した）、来てくれる可能性はない。もっとも河西の目には遊撃手としては動きが大きすぎると思った。むしろ三塁手のほうが上手くやってゆける、最初から目を瞑《つむ》って使っていけば、中心選手になる素材だと読んだ。甲子園で通算６本塁打、１試合２本塁打を二回も記録した。元木は一年海外留学して、念願の巨人に入ったが、その後期待に沿う活躍ができたかどうかは、ファンが判断するしかないだろう。

さて河西が野茂を見て評価したのは、体の柔らかさだった。体を思い切り横に振って投げ込んでくるという特殊なフォームだが、体が柔らかいから、それが可能だと読んだ。もう一つはフォークボールの落差だった。速いまっすぐが、いきなり打者の手元で大きく落ちる。豪快なフォークである。だがスライダー、カーブは投げることができない。

もう一つ彼を買ったのは、性格が頑固なところだった。野茂は自分で「俺は頑固者」と公言していたから、その性格のきつさはプロで通用すると判断した。それは自分のトルネード投法を絶対に変えなかったことからも明らかだ。

じつは河西は野茂の成城工業高校時代から目をつけていた。昭和六十一年の夏の大会は大阪府予選で五回戦まで行ったが、変則フォームのため、各球団とも指名を見送っていた。ただ河西はスピード、馬力、遠投力には目を見張るものを感じていた。しかし如何《いかん》せん荒削りで、投げるときに、右足がインステップするため、制球が悪かった。もう少しフォームが固まればものになると考えていた。

「こんなタイプはコーチ泣かせや。コーチはフォームをいじりたくなる。すると潰れてしまうやろなあ。上手く育てれば儲けものや」

これが河西が見た高校時代の野茂の姿だった。他球団では、平成元年に野茂に指名が集中したが河西にとっては「四年越しの恋」だったのである。

さてドラフト直前の会議である。近鉄はこの年優勝しているから順序では分が悪い。まず一位指名の選手を各球団が挙げるが、重複した場合抽選で決まる。ここでもし他球団が指名せず、交渉権を獲得できればいいが、外れたときは、外れ一位で、ウェーバー方式（前年の下位球団から順々にという方法）で指名していくことになる。近鉄の場合、最後の順番になるから、もし外してしまえば、他に有望な選手が獲れないという危険性があった。

野茂はどこの球団も狙っている。重複するのは明らかだ。だが当たらなかったらどうなるか。一か八かなのである。

スカウト会議で河西は外れ承知で野茂に行くか、確実なラインで他の選手に行くか、迷った。近鉄が欲しいのは即戦力の投手。野茂が来てくれれば言うことないがリスクが大きい。

「もし野茂を抽選で外したらええ選手がおらんのや。小宮山悟か西村龍次で行くか」

河西は迷った。このとき、決断を促したのは、彼に育てられた若いスカウトたちだった。

「そら野茂で行きましょうよ！　大阪の選手を、大阪の球団が獲らなどないするんですか。ベンチに飾りましょう！」

「いつも河西さんが言うてられるでしょう。選手は宝くじみたいなもんやと。ええ選手を獲ったって当たりもあれば外れもある。だから行きましょう」

河西も渋い表情になった。

「そら行かんとしゃあないわな」

「行きましょう！　行きましょう！　宝くじやないですか！」

確かに若いスカウトたちも、野茂を外したら、後にいい投手がいないことはわかっていた。野茂を一位指名すれば、野茂を回避した球団は小宮山と西村を一位で指名してくることは確実だったからである。

「よっしゃ！」

河西は野茂一位で行く決心を固めた。球団にその意志を伝え、チームも野茂で行くことになった。さてドラフト会議当日である。何と野茂は、ロッテ、横浜、日本ハム、阪神、ダイエー、ヤクルト、オリックス、近鉄の史上空前の八球団が一位指名に挙げた。

抽選の箱が置かれた机に各球団の代表八人が並んだ。近鉄は監督の仰木が出てきた。彼は列の右端に立った。その背後には各球団の座る円いテーブルがあったが、河西と櫟は並んで座り、心配そうに成り行きを見守っていた。

八人が箱の中に手を入れ、紙を取る。近鉄は紙を取る順番も最後である。それまでに誰かが当たりクジを取ったら終わりである。最後に仰木が引いた紙が当たりクジだった。彼は満面の笑みを浮かべて、ガッツポーズをした。背後で櫟が表情を崩して両手でガッツポーズをする。河西は当たったのが信じられない面持ちで仰木の姿を見ている。仰木が、河西のほうに振り返り、右手を上げた。河西もようやくほっと安堵し、右手を上げた。二人は何度も拳を突き出して、嬉しさを確認した。櫟は何度も机を叩き、両手でガッツポーズを繰り返した。

近鉄は大博打《おおばくち》に勝ったのだ。仰木、河西、櫟の三人は抱き合って喜んだ。

じつは、事前には野茂を一位でいく球団は六球団のはずだった。近鉄はドラフト会議前日も夜中の一時まで会議をして、野茂で行くかどうかを検討したのだった。このときは河西、櫟のベテランスカウトに、監督の仰木、球団取締役の梶本の四人がいた。確率的には低すぎることで球団の上層部からは、反対意見も出た。ここで仰木が六分の一にかけたいと主張したのだった。その夜、他球団も会議して、野茂を一位で行く球団がさらに二つ増えた。河西は監督とは上手く信頼関係を結べる人だった。とくに仰木にしてもそうだった。チームでは「仰木と河西の名コンビ」と呼ばれたが、仰木は河西の技量を十分に信じていた。仰木自身もフロントに対してあまりものは言わなかったが、二人はこんな会話をよくやった。

「ワシが選手を探してくるさかいな。監督はグラウンドで頑張りなはれや」

「もう河西さんにまかせときます」

それが野茂一位指名で一致したのも、二人の肝胆相照らす間柄だったことの証明にならないか。後に仰木はオリックスでも優勝を飾るが、彼の名監督としての原点は近鉄にあった。

さて野茂フィーバーのドラフト会議が終わった夜である。同僚の櫟は六時三十分に夕食を済ませたが、いつまでたっても河西が食堂に姿を見せない。じつは河西は記者の取材を受けていたのである。記者も指名された選手が大物だからなかなか帰ろうとしない。河西を囲んでいつまでも質問しているのである。

河西も実際、この日は疲れ切っていた。前夜も深夜まで会議だった。彼も辛抱強く答えているが、さすがに表情はやつれ、声もか弱いものだった。ましてや七十歳になろうかという高齢である。体調も気がかりだ。櫟が心配して、記者団のところへ行き、強く言った。

「君たち、いつまでも質問するんじゃないよ！　今日はドラフト会議でとても疲れているんだよ。まだ聞きたいのなら後日出直して来いよ」

記者団が姿を消した後、河西はようやく安堵した顔を見せた。

「ほんまに来てくれて助かった。ワシは疲れて疲れてなあ、仕方なかったんや」

河西は食堂へ行き、天丼と蕎麦《そば》を美味《おい》しそうに食べた。

「ワシは何にも食うてないから、海老《えび》を増やしてくれ」

海老は二本増えたという。

櫟は言う。

「ふつうは時間がないから明日にしてくれと記者にも言うでしょう。それが当たり前ですよ。ところが河西さんはすべて取材を引き受ける。相手にも立場があるからやと。いろいろ話すんです。そんな人だった」

その後の野茂の活躍は、新人王、ＭＶＰ一回、最多勝四回、防御率一位一回、勝率一位一回、奪三振王四回、沢村賞一回とタイトルを総なめにするものだった。さらに日本人として初めて本格的なメジャーリーガーとして渡米、アメリカでも新人王、ノーヒット・ノーラン二回、奪三振王二回、メジャー通算123勝の成績を残した。その後の日本人選手のメジャーへの挑戦の嚆矢《こうし》となったのも野茂の大きな功績である。

野茂は河西とは三回ほど会ったが、特別に親しかったこともなく深い話をしたこともなかった。河西の記憶を尋ねるとメールで回答が返ってきた。

「河西さんとは指名後にお会いしたので何とも言えないのですが、すぐ打ちとけました。人間味のある人でした。これから素晴らしい選手が出てくるように、自分も頑張りたいです」

阪神時代からの同僚だった櫟に言わせれば河西は「野球が仕事」という人間である。それを示す一例に河西の背広があった。この頃のドラフト会議はテレビ中継されていた。だが彼は同じ背広、同じネクタイを毎年着けていった。ある人が、

「何でいつも同じ背広着るの？」

と夫人のマサに聞いた。マサも、

「同じ背広はみっともないんと違う？」

と言うが、河西は気にせずに同じ恰好でドラフト会議に出た。ジンクスがあったのかもしれない。とにかく着ることよりも仕事優先の人間だったのである。

彼は過熱化するドラフト会議のことを懸念していた。毎年テレビ中継され、選手たち

の運命が見世物のように演出される。

「やっぱりどの球団も平等になるようにせんといかんから、ドラフトはしゃあないわ。でもあんまり演出が派手になるとなあ」

ファンにとっては最大のドラマだが、意中の球団に指名されなかった選手にとってはたまったものではない。人生が決まる瞬間を、他人から面白おかしく見られることは耐え難いものである。

「俺は見世物のように決められてしまった……」

そんなことを河西に言った選手もいた。彼にはこの言葉が胸に残っていたのだった。

もう一つの河西なりの心がけがあった。それは交渉でもめても、いかにもスムーズに入団にこぎつけたかのように持っていくことだった。交渉する本人が入団してから働きやすいように、である。ごねて入団した選手には、どうしても負のイメージが付きまとい、周囲も白い目で見る。伸び伸びと彼らの力を発揮させるために、いい印象を周りに与えるようにしたのである。

第６章　近鉄最後の優勝の基盤を作る

〝いてまえ打線〟

近鉄バファローズは、平成十六年のシーズン終了後、オリックスブルーウェーブに吸収合併された。ブルーウェーブは、バファローズと名称を変えたが、事実上近鉄というチームはなくなった。その近鉄最後の優勝が、平成十三年だった。昭和六十三年から五年間は仰木彬の許で優勝一回、二位三回、三位一回とＡクラスから落ちることはなかった。だがここから鈴木啓示、佐々木恭介と監督が代わり、平成十二年に梨田昌孝が監督に就任するまで、Ａクラスは二回だが、最下位も二回を記録し、再び低迷する。平成十二年も二年連続最下位に沈んでしまった。

平成十三年の優勝はそれだけに前年最下位から一転しての優勝で劇的だった。まさに弱い投手陣を打撃がカバーするという〝いてまえ打線〟爆発の優勝で、近鉄というチームの最後の輝きだった。

このときの主力メンバーには、一番（センター）大村直之、二番（二塁）水口栄二、三番（レフト）タフィー・ローズ、四番（三塁）中村紀洋、五番（ライト）礒部公一、六番（一塁）吉岡雄二、七番（指名打者）川口憲史《けんし》、八番（遊撃）ギルバート、九番（捕手）古久保健二（または的山哲也）らの名が並ぶ。

投手陣には岩隈久志、前川勝彦、岡本晃、髙村祐、大塚晶文らがいるが、その多くが河西が近鉄スカウトのときに入団した選手たちである。当然、河西は彼らを入団の際に見ていた。

河西はチーフスカウトという立場もあって、いつも契約金の心配が絶えなかった。在京セ・リーグの球団のように金銭的に余裕のある球団ではなかったから、球団も「できるだけ安い金額で……」と言ってくる。彼は選手を見ても「これやったらなんぼいるのかな」「よそはなんぼくらい出すのかな」と呟いていた。いい選手は欲しいが、金銭という現実的な問題もあった。そのため事情を知らない担当スカウトが「もっと契約金出してください」と要求すると、河西は怒った。

「ええ加減にせえ」

若いスカウトたちは財政的な内情は知らない。会社の予算内で支払わなければならない。「一億を二億にして」と言うときもある。だがこれだけで抑えてくれと言われている河西にとって、無理な要望だった。スカウトたちも、これ以上言って河西さんを怒らせたらあかんなと思っていても、つい勢いで言ってしまう。

「いつも宝くじ言うてはるやないですか」

ただ、いざ選手の獲得となると、本人にもはっきりと言った。甲子園で活躍したある外野手に河西は言った。その子はドラフト下位の当落線上にある選手だった。

「ウチは君に内野手で来てもらいたいんや。内野は好きか？　嫌いか？」

戸惑う高校生に、さらに言う。

「僕は内野手向きだと思うわ」

河西の目が光る。

「必ずしも指名するとはよう言いきらんけど、君は地元の選手やし、ウチも欲しい選手や。けど、そんときのチームの事情もあるからな」

高校生の顔は、一瞬落胆に変わる。

「約束はできんが、堪忍してな」

そこにいつもの柔和な河西の表情はない。その選手はその年のドラフト指名からは洩れた。

大村直之という外野手がいる。現在はオリックスバファローズに所属しており（平成二十二年引退）、三十四歳のベテランで、二〇〇九年は打率.２９１、リーグ十二位の記録を残した。身長は一七三センチ、体重は七二キロと小柄な選手だが、近鉄ではセンター返しを得意とする一番打者として活躍した。とくに俊足を生かし、イチローを抑えて二年連続リーグ最多内野安打を記録した。三割をマークすること五度、ベストナイン二回、ゴールデングラブ賞三回、今の球界を代表するヒットメーカーである。現在（平成二十一年シーズン終了時）１８６５安打を記録しているから、今もっとも名球会に近い男だろう。どこか河西の現役時代を彷彿とさせるところがある。

平成五年だった。大村の育英高校在学時代である。河西はスカウトの岩木に「大村を見ておけ」と言った。体は小さいし、とくにパワーもないが、河西は気にかかっていたのだろう。予選の段階ではとくにずば抜けたものは感じられなかったが、甲子園に出てからの彼は見違えるように足も速くなり、ヒットを連発した。河西もここまで活躍するとは予想していなかった。

「まあ一回くらい見とけばええかな」

という選手が注目株になった。結局夏の甲子園では育英高校は優勝を飾った。

如何せん体が小さい。しかし、守備範囲も広い、ミートも上手い、足も速い。このタイプの選手は社会人か大学を経由してプロに来るのがふつうである。たとえば元阪神の赤星憲広、元阪急の世界の盗塁王福本豊も同じタイプだろう。小柄で足が速い。打撃もいい。しかし、大学、社会人でさらに練られ、揉まれ、プロで通用するようになる。赤星もJR東日本、福本も松下電器で社会人野球を経験している。

アクセントのある選手を獲れ

河西も、周りのスカウトに「どうや？」と何度も聞いた。

平成五年のドラフト会議では、河西の頭では京都成章高校の投手大家《おおか》友和を三位で指名しようと考えていた。大家は後にメジャーリーグで50勝を挙げる投手になるが、河西は迷っていた。だが彼の経験上、ある程度の素材の投手は毎年出てくるが、野手でいい選手はそれほど出てこない。しかも大村は足が速いだけでなく、左打者というのも魅力的だった。河西の言う、「アクセントのある選手を獲れ」という表現にぴったりだったのである。

「足があんだけ速い。特徴のある子や。それにセンスがある」

河西はそう評価した。大家はドラフト会議で横浜が三位で先に指名した。が、すぐに近鉄は大村を三位で獲った。

他のスカウトも「プロですぐにはどうかな？」と思ったが、大村は根性があった。河西は内向的な性格の子供より、闘争心が前面に出る子供を好む。これが「プロ向き」の性格なのである。河西にとっては長いスカウト生活でも忘れられない嬉しさになった。

松坂大輔、ダルビッシュ有や野茂は何年に一人という逸材だが、彼らは別にして、ある程度の投手、という場合は河西は野手を優先した。その方法で成功しているのは中日ドラゴンズである。平成七年のドラフトで、熊本工業の内野手荒木雅博を一位指名したし、平成八年には東海大相模高校の内野手森野将彦を二位で獲得している。ともに高校生野手を上位で指名しているのが特徴である。荒木はベストナイン三回、ゴールデングラブ賞六回、盗塁王一回、二千本安打も達成し名球会入りを果たした。森野は常時三割前後の打率を残し打点も稼ぐ主力選手に育った。ロッテもそうである。盗塁王、ベストナイン、ゴールデングラブ賞に輝いた西岡剛も、ドラフト一巡目指名である。

その方法が成功して、中日もロッテも優勝を飾っている。

アクセントのある選手という意味では近鉄の捕手の的山哲也がそうである。的山は新日鉄広畑から、平成五年にドラフト四位で入団した選手である。兵庫県立福崎高校のときからもともと岩木が注目していた。だが膝を故障していた。ただ新日鉄広畑に行ってから、五年続けて都市対抗野球に出場するほど実力派の捕手に成長した。この年神戸製鋼の捕手三輪隆も即戦力の呼び声が高かったが、この年から導入された逆指名制度により大学生・社会人逆指名の権利が認められたため、オリックスを逆指名していた。

的山を獲得するかどうか岩木は迷った。膝の動きが悪く、パスボールが多い。だが肩は天下一品だった。遠投させれば軽々と一二〇メートルを投げる。彼が見たとき、盗塁を許したことは一度もなかった。抜群の強肩なのである。

入団しても打撃は大振りで、当たったら遠くへ飛ぶが、空振りが多すぎた。だが平成九年から正捕手としてチームを支えている。打率は一割台から二割台前半、しかし肩に加えてリードがよかった。これも河西が言う平均してそこその選手より、ずば抜けた技量のある選手、いわゆる「アクセントのある選手」だった。

川口憲史は、九州担当の西村俊二が見ていたが、河西もやって来た。川口は福岡県の柳川《やながわ》商業で内野を守り、高校通算打率．430、48本塁打を打つ強打の選手だった。このときの高校の監督が河西に声をかける。

「カワさん久しぶりやなあ。すぐ帰るのやろう」

「いやいや、そんなこと言わんといてえな」

「今日は長いことおるのう」

このとき彼は川口をリストアップしていたのである。川口は平成六年のドラフト四位。平成十三年の近鉄のリーグ優勝の年は本塁打21本、打率．316を打って、優勝に大きく貢献した。現在も東北楽天ゴールデンイーグルスで活躍する息の長い選手である（平成二十二年引退）。

河西は高校の監督にも形式ばった挨拶をせず、ずばっと懐にとび込んで行った。

「失礼します」

「ありがとうございます」

「ご無沙汰してます」

　では相手に対する親しさの感覚が遠い。相手との間に一線を引いてしまい、敬語での会話しか成り立たない。そこから本音は見えてこないし、その場だけの話で終わりである。河西はなじみの高校の監督を見たらすぐに言う。

「監督、パチンコ勝っとるかいな！　元気しとるかいな」

　向こうもそう声をかけられると嬉しくなる。そこで麻雀や、競馬の話が出てくる。趣味の場合もある。そこから溶け込んだ間柄になってゆく。野球だけの堅い話はしない。

　素っ気なく監督に対応されれば、

「そんなん言わんといてえな」

「もっと（希望を）広げてや」

　あるいは、断られたら、いったんは「ああ、そうですか」と引きながら、一呼吸置いて、

「ちょっと待ってくれんかいな。もうちょい待ってくれえや」

「まあそう言わんと返事待ってくれえや」

「このお爺さんが頼みます。どうか年寄りに免じてやって、これ（提示額）で頼むわ」

　と粘った。「スッポンの河西」の面目躍如だが、それを大阪弁で言うから、おかしみ

もあるし、人情味も出てきた。嫌味がなかった。押すところは押すし、引くところは引く。拝み倒し、泣き落とし、どれが効果的か、河西は折々でその呼吸を心得ていた。

「無理難題を小さな体でがちっと受け止めて球団に伝えてくれた」

河西の部下たちはそう評価する。また新聞記者と仲良くなって、上手く情報を得るのも得意だった。他人は新聞記者を利用すると評したが、実際は分け隔てなく付き合っていたのであった。

「カワさんは、女性記者に優しいからな」

との評判もあった。もっともベテラン記者に言わせると、昔の河西は記者には怖かった、という。というより当時は監督も、コーチも、マスコミに対する態度が今のように優しくはなかったのである。監督も取材では話してくれない。そこでどうやったら監督が話してくれるか、記者は苦心する。監督が記者を育てる時代だった。河西も、記者が二年か三年接して、ようやく話してくれるようになった。ベテランスカウトもかつてはそんなに話さなかったのである。

球団事務所にいた大野博子は言う。彼女は球場のアナウンス嬢でもあった。

「お爺ちゃんみたいで、いつもにこにこしていらした。怒ったところは見たことがなかった」

女性職員は、河西の甘いもの好きを知っていたから、スカウティングから帰ってくると、いつも饅頭《まんじゅう》を用意して待っていた。コーヒーにいつも砂糖は三杯。生粋の甘党だった。

「3回まで見たらもうわかるやろ」

今の時代は地方の有望選手を見落とすこともなくなった。情報は新聞社の地方支局や通信局から入ることもあるし、少年野球のチームから入ることもある。

河西が新聞記者にも目をかけた、というのが真実ではあるまいか。スポーツ新聞の記者が河西のチームの担当になると河西は、

「ええ情報源があるで」

と言って、後輩の選手の溜まり場である喫茶店を紹介してくれた。そこに最初は河西もいて、記者が輪に入れるようにしてくれた。あるいは親しいヤクルトの片岡宏雄スカウトに「この子は親しい記者やから、よろしゅう頼むわ」と言って、紹介してくれた。『日刊スポーツ』の堀まどか記者も河西に世話になった一人である。彼女は平成元年から近鉄の担当になった。初めて見た河西の印象は、「一言で言えばできるスカウト」だったという。

「私たちにしたら、祖父みたいな年齢でどこにでもいるお爺ちゃんですが、できそうという雰囲気を醸し出しているタイプのスカウトじゃなく、見所が確かであること、自分

の目に絶対の自信を持っていること、それに人の受けがよかったことが印象的ですね」

その理由の一つは、選手はこういうところがなくてはいけない、という指針がしっかりしていたことである。それは、投手であれば「速い球を投げる」、野手であれば「遠くに飛ばせる」の二点だった。ここから河西なりの指標が出て、バリエーションが出てくる。大村直之は上記には該当しないが、幅を広げたときの一例であろう。

さらに河西の人柄を表すのに、自分はプロだからアマチュアの選手を獲ってやるという上からの姿勢がまったくなかったということが言える。人を下に見たり、上からの権威で人に接したりしない人だった。それが自分の息子ほどの若い選手に対してもである。誰に対しても対等だった。

「ワシはあんたに惚れたんで、来たんや」

という言葉で語った。

堀は河西の人情味を知ったことが何回かあった。ドラフト会議の時期が近づくと、近鉄はこの選手を獲りたいという報道をする。だが一番の当事者の河西に聞いても丸ごとは教えてくれない。文字どおり〝柳に風〟といった調子なのである。

というのは教えてしまうと、記者がその後勉強して情報を摑むという訓練をしなくなるからである。ただあるとき堀はあるスクープを他社に取られてしまったことがあった。

それは野茂の結婚だった。

さすがに堀は落胆した。これを抜かれると担当記者としては大失敗なのである。そのとき河西がやって来た。いつものように優しい口調で言った。

「困っているんかあ」

スクープを抜かれた直後だった。

「うちに何が必要か考えてみい」

河西は諭すように言った。丸ごと他のニュースを教えるわけではないが、こうも助言した。

「ワシが最近どんな行動をしていたか、よう思い返してみいよ」

「仰木監督はどんな選手が欲しいと思うか？」

そこから先は自分で考えろ、ということだった。それが中村紀洋に関するスクープに繋がった。

堀は言う。

「いい意味でのしたたかさを持っているスカウトですね。私たちにヒントを与えることで他球団の情報もそれとなく調べていました。何より人の心を摑むのが上手かった。まだみんなが見ていないときに見ているスカウトでもありましたね」

甲子園に行ってもすべての試合は見ない。見る試合も3回くらいになったら、「お茶飲みに行こう」と次の試合に備えて体力を温存していた。

「もうお茶ですか」

記者が尋ねると、

「3回も見たらわかるやろう」

という返事だった。

年齢的な理由もあった。帽子を被って観客席にいても真夏の炎天下、一回戦4試合はさすがに体にこたえる。それでもよく見ていたというのが記者の印象である。ぱっと見て「ああ、あかん」「次（の試合）行こう」「今何回や？　行こう」という姿勢は変わらなかった。

とくに夏は腕時計のあたりにあせもができて、毎日風呂上がりに薬を塗る。午後の3試合は睡魔との闘い。眠気を取ろうと、煙草を吸うが、帰り際に足元を見ると、吸いがらの本数の多さに嫌気がさしたこともある。

春の選抜大会は逆に寒さとの闘いだった。綿の長袖シャツ、足首までのお爺ちゃん用ズボン下、コートを着ても、襟巻きが必要だ。こんな完全装備で、球場へ出かける。

そして試合以上に、シートノックをよく見た。試合では外野にボールが行くとは限らない。バックホームもないかもしれない。ノックだったらどの守備位置にもまんべんなく打球が行く。守備、足、肩の強さ、すべてをじっくりと見ることができるからである。

ある有望な捕手がいた。キャッチング、スローイングは（ダイエーなどで活躍した）

城島健司以上と言われた選手である。捕手としてのセンスは、十二分にあった。だが河西はシートノックやイニングの間のボール回しの際に、彼の性格を見抜いた。

　彼は試合のときはそうではないが、ノックのとき座ったまま返球したり、力を抜いて二塁に投げたりしていた。動きが緩慢だったのである。練習のときに、選手の野球への姿勢が出る。

「ちょっとだけ横着さを感じるんや。上のレベルに行ったらそれでは通用せんのと違うか。悪い癖は早く取り除いたほうがええ」

　地方大会でも判断は早かった。

「次の試合始まる。行こ、行こ」

　試合前のノックを見て、

「あかんあかん、帰ろう」

　いい選手は3打席見ることもあった。しかしヒットか凡打かの結果よりも、当たりの感じを大事にし、メモ帳に小さい字で書いていた。スコアも書いていったが、いらない選手は「大学向き」と書いた。

　大学向きとは「プロは無理だけど、大学に行ったら面白い」という意味だ。それは大学や社会人に行くことで、走攻守のどれか一つ抜きん出たものを身につけろという意味である。スカウト会議でもよく言った。

ドラフトは三位から五位

「河西さんとはワシが生まれる前からの付き合いや」という不思議なスカウトがいる。冒頭でも記したが、オリックスバファローズでスカウトグループの部長を務めていた堀井和人である。彼の父親は堀井数男、昭和十八年から三十四年まで南海ホークスの外野手として活躍した選手で、ベストナインも受賞している。ちょうど河西が戦後すぐに南海にいたときの同僚だった。

昭和二十三年のことだった。河西は実家のある姫路から大阪球場に通っていたが、ある日西宮球場で腰を痛めてしまい動けなくなってしまった。堀井の家は宝塚《たからづか》市にあるから大阪球場と距離が近い。河西は堀井家の二階に治療も兼ねて住まわせてもらった。このとき堀井数男の妻は、臨月で大きなお腹を抱えていた。ここに堀井和人がいた。

後に堀井が生まれたとき、

「お母ちゃんのお腹にいたのはお前だゾ」

と河西は笑った。この年の三月に堀井は生まれたから、まさに生まれる前からの出会いだった。河西は堀井が生まれてからもよく遊びに来た。

気さくで人当たりはよかったが、中身は意外に頑固だったというのが堀井から見た河西の印象である。表面は柔らかいが、言うときには鋭くはっきりと言った。ただ相手をよく見ているから、人によって話し方も変えた。

さて堀井は、法政大学に進み、昭和四十四年に南海ホークスにドラフト七位で入団し、外野手として活躍した。親子二代のプロ野球選手、しかも同じ球団ということで話題になったりもした。チームは違っても麻雀をすることもあったし、同僚の子供ということで何かにつけ可愛がってくれた。堀井は実働十年で現役を引退すると、南海でスカウトを務めた。南海が福岡ダイエーホークスに球団譲渡すると、ダイエーでもスカウトを務めた。

ダイエーでの一年目、球団はドラフト会議で、巨人を熱烈に志望していた元木大介を一位指名した。交渉は難航し、結局元木は一年海外留学し、翌年巨人に入団した。堀井は元木を担当したが、獲得断念の後、待っていたのは解雇だった。十二月二十五日、暮れも押し詰まっていたが、解雇された翌日に河西から電話が掛かってきた。

「どや、どうするんか」

「うちに来ないか」

その翌日に、近鉄のスカウトとして入団が決まった。ちょうど近鉄から一人スカウトが抜け、他球団に行くことになっていた。一人分空きができたのだ。そのタイミングを見逃さなかったのが河西だった。

「結局仕事ができるか、人間味があるかで選ぶ」

堀井に声をかけたときも、仕事振りを見ていたのだった。以後近鉄で六年間一緒にスカウトをやることになる。河西とスカウトとして付き合った人物では、もっとも長いということになる。

堀井が河西で思い出すのはやはり麻雀である。夏の甲子園大会が始まると、スカウトは甲子園球場に集結する。夏の全国高校野球大会の一回戦のときである。4試合が終わると、夕方の五時か五時半に阪神電車に乗って梅田駅に行く。河西は甲子園―梅田間の定期券をちゃっかり用意していた。梅田でパチンコをするためである。そうでなければ近鉄のスカウト仲間と麻雀。いつもの仲間の次長の島田光二、櫟信平もいたし、坂本文次郎もいた。

甲子園ではやはり選手を見るのは早かった。ぱっと閃くインスピレーション。閃いたあとに一ヶ月たって、再び見に行く。その評価がそのままだったら、いい選手だと判断し、以後追いかけることはしなかった。

西村も岩木も言っているが、河西は実際に選手を見ているとき、インスピレーション、自分の感覚を大事にした。

「あ、これや、これや」

各地区の担当スカウトも一緒に回っているから、彼らの推薦もあるが、それには「いらん」とは言わない。スカウト会議で誰をリストアップするかというときに弾く。最初の試合を見に行ったときも、各担当の意見に対して言葉を選ぶ。

「まあな、まあまあやな」

と。だがこのとき河西の腹は決まっている。リストアップの後、

「悪いけど、置いておくわ。すまんが断ってきてくれ」

と語った。

河西は堀井によく言った。

「金《きん》は金や。銅は金にはならん」

さて金とはどういう選手だろうか。河西は女性にたとえてそれを語る。道端で通りかかって、きれいな女性とすれ違う。

「あ、きれいだな」

と思って振り返る。その感覚である。ふつうの顔立ちの女性であれば、振り返ることはない。美人だと思っても追えば追うほど「うわ、嫌だな」と思うことがある。だから第一印象を大事にすべきだと言うのだった。一緒に選手を見に行っても、投手なら一球、野手なら一振りを見て「帰ろう」ということもあった。それからパチンコに出かけることもあった。女性と同じ、第一印象のときめきを大事にするためである。

高校の監督との食事会には出るが、下戸の河西は「二次会はお前に任せたで」と消えるのが常だった。それは練習中もそうだった。

堀井が高校の監督に連絡を入れると、

「そんなら三時からノックしますけん」

と返事が来る。だが河西はお目当ての選手のノックを見た瞬間、これはダメだとわかると、急に頬が赤くなった。その表情で堀井は河西の心理がわかった。

「行こ、帰ろ！　堀井、もう帰ろうや」

と言い出す。

「待っといてください。味気ないがな」

と堀井が言うと、

「知るかい。もう見ても一緒や。もうええわ」

とくる。二、三球もノックを受ける姿を見れば、選手の力はわかるのである。いい選手はしばらく見るが、ダメだったときの判断は早い。

いいときは、

「お、カワさん今日はよう見とるわな。珍しいな」

となるが、切り上げるときはとくに早いから、堀井は監督によく言わなければならなかった。

「えろうすんません。急に出張入りまして」

河西はよく口癖で「ワシは（こいつ）好きや。（こんなこと）知らん、知るかい」とよく言った。

とくに河西独特の見方は、内野手の足の運びを見ていた点だった。

「これをよう見とけよ」

と堀井に言った。ダブルプレーのときである。走者一塁で遊撃手にゴロが行く。すぐに二塁手が二塁に入る。このときの足の運びである。

あるいは二塁ゴロのとき、遊撃手が二塁ベースに入る足の運びである。捕球した内野手でなく、間に入った野手である点が特徴である。野手からボールを受けて、ベースを踏んで、すぐに一塁に投げる。このとき投げてくる野手との呼吸が合わないとダブルプレーはできない。ぴったりと投げたところに、捕球する野手が入る。早すぎても遅すぎてもいけない。この阿吽《あうん》のタイミングが、内野手のセンスなのだ。この複雑な動きを一瞬の判断で決めるプレーである。それゆえダブルプレーは内野手にとって一番難しいプレーである。ここでベースに入るのが遅れたり、早すぎてもいけない。ここに選手のセンスが出ると河西は言うのである。それはまさに内野手の足の運びに出るのだった。

堀井は言う。

「やはりカワさんは勝負師です。口で言う雰囲気と全然違う。一口で選手の良し悪しを決める。あかんときは、ぱっと顔が赤くなった。こら、あかんなと思うとそうでした。本物の選手のときは怖かった。がっと顔を上げて見た。にこにこと全然違います。やっぱり芯はきつかった」

河西が可愛がったスカウトに山本泰《やすし》がいる。後にシアトル・マリナーズのスカウトをやったが、彼の父親は鶴岡一人、河西の恩師である。同時に、山本はＰＬ学園で監督を務め、全国優勝、準優勝させた実績もあり、法政大学でも監督を務めたアマ球界屈指の名監督である。彼は平成六年に近鉄にスカウトとして入団したが、これはプロ野球のスカウトは、むしろアマ球界に人脈、実績のある人物が活躍できることを示した事例でもある。

その人脈があるから、交渉力もある。そのぶん、河西は山本を叱られ役にした。

「ちょっと嫌な役目させるけどこらえてくれな」

「すまん、あいつの顔を立ててやってくれや」

そう言って、よく叱った。

河西は柔らかい人当たりだから他球団のトップのスカウトと仲がよかった。皆「カワさん、カワさん」と寄ってきたが、河西は表面では付き合っていても、内心では「信頼する人、しない人」を区別していた。小さく、

「あれは嫌いや」

と一人で呟くこともあった。河西はよく言った。

「いつまでも迷っているのは判断ができない証拠。いい選手にはならん」

「人を騙して獲った選手は大成せん」

「一位はどこでも判断は一緒や。三位から五位のほうが判断がわかれる」

「社長、もうちょっと何とかならんですか」

ドラフト会議が終わり、交渉になる。入団がまとまりかけてきているのに、あるいは感触はいいのだが、どうも交渉が進まないことがある。大学や高校の監督が担当スカウトに言う。

「カワさん呼んでくれませんか」

要は金の問題なのである。担当スカウトは予算が決まっているから、その枠の中で契約金、年俸を決めようとする。だが、ここからが駆け引きで、相手側もなかなか「うん」と言わない。だいたい高校生で何位ならこれくらい、社会人、大学生ならこれくらいと相場が決まっている。そんなとき相手もよく知ったもので「カワさんを」と言う。

担当スカウトも、「河西さん頼んます！」と連絡する。ここでカワさんの登場となる。河西はチーフスカウトという立場から、社長から金額のプラスアルファを認められている。そこで少し上げて提示すると、話がまとまるのである。

周りは「さすがカワさんや。凄いなあ」となるが、担当スカウトは「いいなあカワさんは」となる。相手の監督もその事情を知っているから、「カワさんを」と切り出すのである。

もう一つは河西の交渉術である。

担当スカウトがどうも苦労している。だいたい交渉の一回目はドラフト直後に、担当スカウトと河西が一緒にやって来る。指名の挨拶の意味合いが大きい。二回目が実際の交渉。このあたりから条件提示が出てくる。三回目でだいたいまとまる。このとき上手く行かない場合が河西の出番だ。

「もうちょっと上げてください」

と相手が言っても、担当スカウトは自分に与えられた金額が決まっているから、相手方の要求に応えることができない。隣にいる河西も渋い表情で話を聞いている。

河西はしばらく考えると、ふいに「ちょっと電話を借りてもええですか」と間を置く。

「会社に電話したいんですわ」

河西が受話器を取る。だいたい電話は選手の家族の見える場所にある。

「社長ですか、今交渉中なんですが、これだけやと、あかんから、ワシも困るんですわ。もうちょっと何とかならんですか」

当然、河西の腹の中にはプラスアルファがある。芝居なのである。当然社長から認められた金額だから、社長も「うん」と言うのは当然だ。ここで相手は、河西さんが誠意を見せたと喜び、交渉成立となる。

若いスカウトたちは言った。

「僕らはこんだけの幅でやれと言われてます。上積みのたびにアポイント取らんといけんのに、河西さんのようにそんなに上げてくれたら、僕らでもまとめられますよ」

彼らは苦笑したが、河西は答えた。

「獲れたらワシじゃなくて、君たちの評価になるんだよ」

たしかにそうやって困難な交渉も、河西が出てゆくことで、上手く纏《まと》め、助けてくれたのである。上司としてとてもやりやすかった、とスカウトは言うが、そのとおりであろう。


平成三年のドラフト一位は髙村祐だった。彼は法政大学のエースとして投げていたが、これはほぼ一本釣りで獲得した。彼は四年生の春には事情があってほとんど投げていない。そのため競合する球団が現れなかった。秋のリーグ戦で久々に投げたが、とてもよかった。見たのはたったの一イニング。それだけで河西は「これや、これで行こう！」と言って一位指名を決めた。速い球が投げられるというのが重視するポイントだが、髙村を評価したのは、肘の柔らかさだった。

「あかんもんはあかん。ええもんはええ」

河西はそう言って、すぐに決断する。

この年の目玉は、駒沢大学のエース若田部健一だった。大学通算18勝。三年秋にはリーグ新記録の1試合17奪三振をマークしていた。当然多くのスカウトは名も実もある若田部に注目する。一方髙村は、大学通算16勝。力は遜色ないが、若田部ほどの話題性がない。しかも四年の春に投げていない。だが河西は、若田部に匹敵する力があると見抜き、早々と若田部に背を向けて、髙村一本に絞って、スカウト活動を行った。若田部には巨人、ダイエー、広島、西武の四球団が競合、結局ダイエーホークスが交渉権を得て、入団させた。近鉄にとっては「名を捨てて実を取る」ドラフト会議だった。

髙村は入団一年目、いきなり13勝を挙げてパ・リーグの新人王になった。若田部も10勝を挙げたが、タイトル争いは髙村に軍配が上がった。彼は通算83勝の記録を残し、楽天のコーチを経て現在は福岡ソフトバンクのコーチである。

一方で、他球団にさらわれた有望選手もいる。在阪のセ・リーグでエースになった投手である。

そのYという投手は社会人野球のエースで、他球団も追いかけていたから、Yの監督も彼の投球を見せてくれなかった。ただ近鉄のスカウトがこっそりと投球を覗《のぞ》いたとき、スライダーの鋭い切れ味に唸ってしまった。すぐにでもプロで通用する力だった。何より体全体にバネがある。投手ながら足も速い。

しかし大勢のスカウトの見守る中、社会人大会のときに彼は打ち込まれたので、他球団の評価が下がってしまった。これはチャンスがあると近鉄のスカウトたちは読んだ。

ただ問題はお金の話になる。このときは逆指名制度が始まっていたから、かつてのドラフト会議のように抽選で指名を決めることができない。関西のパ・リーグの球団という悲しさ、何としても行きたいと言わせ、逆指名をさせたい。それには金がものを言うのも現実である。

だが競合した他球団にさらわれてしまった。

ある関係者は言った。

「ウチが二億と言ったら、相手は四億。欲しくても資本を持っている球団には対抗できません。そういう辛さがありました」

その投手は人気球団に入団し新人王を獲得、忽《たちま》ちエースとなった。


中村紀洋は大阪の公立の渋谷高校出身だった。平成二年夏に甲子園に出たが、二年生で二番手の投手もやっていた。試合は二回戦で負けたが、すでに河西は大阪府大会から目をつけていた。二年生ながら甲子園大会では三塁手で四番。バットの振りがシャープで、パンチ力もある。投手としては「カーブピッチャーになって大成しない」と河西は見た。府大会の決勝ではレフト、センター方向へ2打席連続本塁打を放つなど勝負強い運を持った選手だった。中村は、三年になるとエースとなり、148キロを投げる投手に成長したが、河西の視点はぶれなかった。予選では推定飛距離一五〇メートルの本塁打も打った。背筋力は二〇〇キロ。パワーの固まりである。秋、近鉄はドラフト四位で獲得した。

ただしこの年の注目株は、大阪桐蔭《とういん》高校の内野手の萩原誠だった。春、夏と連続して甲子園に出場し、夏は打率七割近くを打ち、3本の本塁打を打ってチームの優勝に貢献した。高校通算58本塁打。

だが河西は中村を「この子がミスター大阪や」と高く評価した。これが本塁打王一回、打点王二回、ベストナイン五回、三塁手として最多のゴールデングラブ賞七回、通算本塁打404本という大打者になるのだから選手の可能性はわからない。

エースになった岡本晃も、河西独特のインスピレーションで決めた投手だった。彼は関西大学出身で、サイドスローからの速球と変化球の揺さぶりが特徴だった。とくに速球が滅法速かった。四年生の春の時点で、河西も見た。その魅力は遠投である。日生球場で行われた試合前の練習で、岡本の遠投はすごく伸びがあった。球が糸を引くような肩の強さだった。あとは横手投げだから、シンカーを投げられるようになるかどうかである。横から投げる投手には、ゲッツーを取るためのシンカーが必須である。

河西は、一緒に見ていた岩木に言った。

「イワさん、シンカー放れるんか」

「大丈夫です！」

「よっしゃ行こう！」

このときの試合では直前に手術をしていたらしく、打たれてしまったが、秋のシーズンが悪くても指名しようと河西は決めていた。

投手はいい日もあれば悪い日もある。今日は１４５キロ出ても、次に見たときは１３６キロしか出ないこともある。球の速さにこだわるのではなく、選手の全体像を摑むことが河西には大事な仕事なのだった。

岡本は二年目に10勝（６敗）を挙げ、以後10勝手前の勝ち星を挙げる投手になった。

この平成七年は福留に入団拒否された年だが、二位に即戦力の投手をそつなく指名しているところに、近鉄のスカウティングの功妙さを見る思いがする。

「もう違うことやってもええやろ」

平成八年に巨人に二位指名されたのが、日本石油の左腕小野仁である。一八七センチから投げ込む速球が１５２キロを記録した豪腕だった。史上初めて高校生で世界選手権に出場、キューバ選手から三振を奪った。近鉄の東北担当スカウトの後関昌彦は、高校時代から小野をよく見ていた。秋田経済法科大学付属高校で甲子園にも出場していた。このときはまだ古いスピードガンの時代だったが、それでも１５０キロ近くを記録した。

現在のスピードガンよりも3キロから5キロ遅く表示されていたから、超人的な速さだった。

しかも左投げで、体も大きい。

河西も見たが、ぽっと呟いた。

「ちょっと勝負弱いところがある気がするなあ」

後関も同じ欠点を薄々感じていたので、自分が感じた不安がたしかなものになった。小野は巨人に入団後、二軍ではノーヒット・ノーラン、1試合20奪三振を挙げるなど、大器の片鱗を見せつけたが、一軍では五連続四球を記録するなど自滅することが多かった。精神面の弱さがもろに出た。結局実働五年、3勝8敗でプロ生活を終えた。

後関は言う。

「そういう内面的な部分をね、河西さんは気づかれる。プレーそのものを見ていると、選手の性格はわからないのですね。しぐさだったり、ベンチに帰る姿だったり、ベンチから出る姿、マウンドでのちょっとした動き、そんな部分から読み取っておられたのでしょうね」

河西はわざわざこうだよと教えるわけではなかったが、何気ない会話を読み取っていけば、いろいろな示唆が含まれていた。

河西のよく言う第一印象を大切に、というのは、一瞬目に入った印象でも、いつまでも消えない部分がある、その印象を大事にするということだった。他人が見たとき、いいときもあれば、ダメなときもある。だが自分の印象の指針をはっきりと持っていると、周りからどう言われても、迷いがなくなる。

「見れば見るほど、正直迷う。選手も日によっていい、悪いがあるから、たまたま打てた日もあれば、打てなかった日もある。投手の球が速いときもあれば、疲れていて全然スピードがなく、制球が悪いケースもある。資質、センス、ユニフォームの着こなし、立ち姿のよさ、ぱっと見た印象、これが大事だと河西さんは言ってくれました」

スカウト一年目でまだ三十代になったばかりの後関に、七十歳を過ぎたスカウト歴三十五年の河西の言葉は身に沁《し》みた。

後関は平成五年から近鉄のスカウトになった。それまでは近鉄の選手だったが、裏方であるスカウトと会う機会はなかった。だが現役最後の年の夏だった。彼は二軍の試合に出ていたが、そこへ突然河西がやって来てベンチ裏に呼ばれた。

「こっちも試合に出ているんです。何だ？　と思いましたよ」

河西は、いきなり「来年からスカウトをやらないか」と切り出したのである。

「まだ引退って決まってないでしょう」

後関は驚いたまま尋ねた。

「決まってないけど、厳しいやろ」

口調は柔らかいが、きびしい表情だった。河西はすでに情報を仕入れていたのである。内心、何を言っているんだ、という気持ちだった。シーズン中のまだ夏である。辞める気も到底なかった。

河西は諭すように言う。

「この世界は力の世界やから、お前も厳しいやろう」

後関は「もうちょっとやりたいんです」と返事をして、しばらく時間をくれるようにお願いした。関東在住のスカウトが抜けることになったので、河西は後関に目をつけたのだった。彼は千葉の名門習志野高校の出身、ヤクルトに入団後、近鉄に移籍した。貴重な左の代打だった。

「もう違うことやってもええやろ」

河西はそう勧めた。後関は一週間考えた。選手を辞めても球団に残れる人は少ない。そうであれば有り難い話だった。彼はスカウトになる決意をした。

じつはスカウトと選手に接点はほとんどない。自分が獲得した選手であれば別だが、互いに行動範囲が違うので、知り合う機会がないのである。

キャンプなどにスカウトも顔を出すことはある。そこで若いスカウトは球拾いなどを手伝うこともある。紹介してもらえば、「スカウトの○○さん」とわかるが、紹介がない場合は、

「あの球拾いしてる人は誰や」

と選手たちも首を傾げてしまう。

後関はスカウトという仕事を、簡単にできそうだと思ったが、やってみてとても厳しい仕事だとわかった。

「甘かったですね」と彼は言う。

十一年もプロにいた後関の目で判断すれば、高校生のレベルは低い。雑誌や新聞を見ると「今年の目玉」と注目の選手が出てくるが、実際に見てみると、

「何でみな騒いでいるのだろう。これではプロに入っても無理だろう」

と感じることが多かった。だがスカウトは、相手は高校生という前提で選手を判断しなければならないと気がついた。そうやって候補選手を広くすくい上げ、ドラフト会議前に既存の選手に勝てるレベルの者を残すことがわかった。ある程度いいところを中心に見る段階と厳しく見る段階と、時期的な違いがあることもわかった。

平成七年に千葉県の東京学館に石井弘寿《ひろとし》という左投手がいた。夏の県大会ではベスト8どまりだったが、練習試合では1試合で20奪三振を挙げていた。球は滅法速いが制球力に難がある。しかし馬力があり、後関は面白い素材だと見た。河西にお願いして千葉まで来てもらった。

関東に来ても河西の動きは早かった。

河西は見たとき、まず一言だけ言った。

「博打の子やな」

〝博打の子〟という表現は、一か八かという意味である。成功すれば大物になるが、ダメなら箸にも棒にもかからない。惚れ惚れする速球を持ちながら、制球難で自滅する可能性もある。上手くはまったら大物投手になるが、はまらなかったら使い物にならない。河西が見たときも、制球が悪かった。後関はやはり無理だったかなと思った。だが河西は即断した。

「でも賭ける値打ちはあるかもしれへんで」

コントロールのある投手は、現役で成功しなくても、引退後打撃投手としてチームに残り、貢献する方法もある。だがコントロールが悪ければ、打撃投手という道もない。石井は賭けである。だが上手くはまれば球に力があるから面白いと河西は思った。インパクトもあった。

「チャンスがあれば行くぞ」

それが河西の決断だった。平成七年のドラフト会議で、近鉄は四位で指名するつもりだった。だがその直前でヤクルトが先に指名してしまった。

石井はヤクルト入団後、155キロという日本人左腕投手最速の球速を記録した。最優秀中継ぎ投手を受賞するなど、リリーフとして活躍し、後にストッパーも務め、平成十七年には4勝3敗37セーブ、防御率1.95と驚異的な成績を残す。後に怪我に泣いて引退したが、河西の言う「博打が上手くはまった」形になった。現在は東京ヤクルトスワローズの一軍コーチである。

逆指名制度と近鉄消滅

逆指名制度（希望入団枠制度とも言う）が始まったのは平成五年からだが、社会人、大学生に限り、一位、二位指名まで希望球団を選べるようになった（平成十八年をもって廃止）。これは本来のドラフト会議の趣旨である「戦力の均衡化」に反する制度である。当然、セ・リーグの在京球団や、人気球団に選手たちは行きたいと思う。近鉄などパ・リーグの球団は逆指名してもらえなくなる。

同時に、選手は純粋に行きたい球団を希望すればいいが、どの球団も選手に逆指名させるために、金銭的な条件で引っ張ることもある。そうなると資金力のある球団におのずと有望な選手が集まることになる。

近鉄のあるスカウトは言った。

「逆指名制度で、自分が獲りたいと思っている選手を指名すらできない。抽選すらできない。それはスカウトをやっていてつまらないじゃないですか。自分の評価した選手、競合しても獲りたいという選手でも、見る必要がなくなりました」

もう一人のスカウトは、言う。

「逆指名は自由競争と一緒やんか。だから逆にパ・リーグは苦しかった。人気球団がいい選手を逆指名させて、その二番煎じ、三番煎じをパ・リーグの弱いところが獲っていた。獲りきれなかったんや。みな獲られたんや、人気球団にな」

その中で河西は「どこへでも行きます」という選手が好きだった。評価した選手が、「どこへでも行く」という男気を見せると、「ええやっちゃ」「できたやっちゃ」「おもろいやっちゃ」と喜んだ。

さらに時代の流れとして、情報網が発達してきた。自由競争の時代、ドラフト制度導入以後でも逆指名のない時代は戦国時代だった。それに比べれば、今は平穏な江戸時代である。

「あいつ何してるかわからん」「あいつは怖い」

そんな風評の立つ名物スカウトが何人もいた。その一人が河西でもあったわけだが、彼がグラウンドに姿を見せると、

「一体何を見に来たんやろう。何しとるね、あの人」

と周囲も訝《いぶか》った。雑誌、本、高校野球の監督から情報を得て、こっそりと球場に行ったものだった。たまにライバル球団のスカウトが来ると、

「わー、ばれてもうた！　参ったわ」

とお互いが驚きあう光景が見られた。そこから次第に他球団にもばれていったものである。今は情報を摑んで球場やグラウンドに行くと、大抵は他球団のスカウトも姿を見せている。〝隠し球〟がなくなってしまったのである。それだけに情報戦に遅れたら命取りになってしまう。

その意味でドラフト制度の導入は河西にとってよかったとも言えた。自由競争は金の世界である。ドラフトでは、規定の金額もあり、選手をどの球団も平等に指名できたから、「あとは何とか口説き落としたるわ」という気概を見せることができた。

事実、河西はそうやって金村、阿波野らスター選手を入団させることができた。

ある同僚は言う。

「カワさんは、お金で裏からバンバン行って獲るのは下手糞《へたくそ》やったし、嫌いやった。スカウトがお金を使《つこ》うて獲得することが絶対に嫌いやった」

その意味で、逆指名制度が導入されてからは、誠実さというより、いかに駆け引きや計算に長けたスカウティングができるかが評価されるようになったのではないか。河西とは対極にあるスカウト像であった。

そんなスカウトを今は「サラリーマン」と言う人もいる。昔は確かに騙しあいもあって、「ああそうですか」と言っていても、全然違うこともあった。それがスカウトの本領でもあった。だが今は隠し球を見つけてもばれる。そうなると、スカウト独特の嗅覚なり、個性がなくなってしまう。アンテナを張って、足を運んで、選手を発掘したり、あるいは引き抜いたりする。そんな名物スカウトを時代が必要としなくなったのである。

現在は、選手を組織で獲る時代である。チームのスカウト、フロントなど皆が見て、納得してチームに必要かどうかを判断する。あとは指名順位をどうするかの調整だけである。上手く口説くという必要性も少なくなってきた。

選手の実家へ「夜討ち朝駆け」の必要もなくなった。

かつては、家の前で夜通し起きていて、朝一番に「お早うございます！」と選手の実家に挨拶に行った。

「うちの息子のことをここまで思ってくれはる」

という、情にほだされるケースもなくなった。

ドラフト会議も、今は波瀾もなく淡々と行われている。巨人を熱望した清原を西武が指名したり、大学進学が決まっていた桑田を巨人が指名したりというドラマもなくなった。

逆指名制度導入の当初はスカウトも苦労した。後のリリーフエースの大塚晶文は、日本通運のエースだったが、最初に声をかけてくれたのが近鉄だからという仁義を通して、近鉄を逆指名した。逆指名の場合は、選手が希望を記した用紙をＮＰＢ（日本野球機構）に郵送することになっているが、署名、捺印《なついん》のほかに、希望球団に○をつけなければばならない。このとき用紙もスカウトは確認した。

「投函《とうかん》するまで立ち会え！」

というのがセオリーだった。選手がまかり間違って他の球団に◯をつけたら、近鉄には来てもらえなくなる。複数つければ、それらの球団に該当する。十二球団すべてに◯をしたら、どこでもいいということになる。近鉄に◯をつけるのを見届けて、スカウトが投函に立ち会うという慌しさだった。

一方では、かつての近鉄のスター、阿波野、石井浩郎ら、多くの選手がトレードで近鉄を去った。野茂英雄も海外に活躍の場を求めた。

アマチュアの指導者は不審に思う。

「おたくは中心選手を次々に出して、どういう意図で選手を獲っているのですか」

アマチュアの指導者にしてみれば、どういう形で選手を必要としているのかわからなくなってくる。「ウチに必要だ」とスカウトに言われて、選手を送り出してもトレードに出されてしまうのでは、という不安感も指導者は持っていた。プロだから仕方のないことだが、これだけ主力の放出が続けば、アマ側も神経質にならざるを得なかった。

平成七年十二月、福留の日本生命入社が決まり、正式に近鉄が獲得を断念した後も、河西は福留に恨みがましいことは一言も言わなかった。福留も日本生命に入社してからも、礼儀正しく河西や堀井に「こんにちは！」と元気よく挨拶をしてくれた。

福留の強いセ・リーグ志望を知りながらも、球団の方針で強行指名し、無理だとは思いながらも必死で交渉した河西というベテランスカウト。一縷《いちる》の望みに賭けた河西の姿。「もしかして気持ちが変わってくれれば」と願ったが、福留の意志は固かった。ともに犠牲者といえばそうかもしれない。河西も、福留の気持ちは痛いほどわかっていたからだ。

ただ、十年に一人の名選手と、三十七年のキャリアを持つスカウトとの交渉劇は、千両役者そろい踏みの、後世まで語り伝えられる檜舞台とも言えた。河西は福留のリストの柔らかさ、ミートの上手さに、かつて自分が手がけた阪神の藤田平を思い出していた。右の腰で投球を迎え、鋭く腰を回転させ、バットを振りきる。スイングが速いから打球は一気に飛んでゆく。彼の本塁打に惚れ惚れして、「余は満足じゃ」と言うほどだった。

舞台での大芝居は幕を閉じた。

平成十年のドラフト会議が終わり、各チームも入団発表を行う時期になった。この頃河西はすでに近鉄を辞めていた。福留孝介は、当初の希望どおり、中日ドラゴンズを逆指名して、入団が決まっていた。ちょうど中日ドラゴンズの入団発表の翌日だった。河西家の電話のベルが鳴った。長男が受話器を取った。

「日本生命の福留ですが、河西さんはいらっしゃいますか」

河西が電話に出ると、福留からの中日に入団が決まったという報告だった。

「お会いしてご挨拶をしたいのですが」

「礼を尽くしてくれただけで十分や。活躍を期待しとるよ」

河西は電話でこうも言った。

「ワシは……あんたのことは少しも悪う思とらんで。だから胸張って何も気にせんと中日に入って、頑張ってください」

河西がとても嬉しそうな表情だったのを長男は覚えている。電話を切った後も、河西は「ワシはほんまにあの子が好きや」と言っていた。どんなにお金を出そうとしても、転ぶことなく初心を貫いた福留が好きだったのである。

河西はよく語っていた。

「ワシはあいつを憎めん。気にするなよ。もう終わったことや。あのときにいろいろあっても、もう何年かしたら思い出や」

そして福留にはこうも言った。

「お父さんは元気か？　いつまでもあのときを引きずったらあかんで」

河西はやがて入院するが、このときの交渉が原因で体調を崩したとも周囲は言った。だが彼の口から、冗談でも「彼が来てくれれば、病気にならんで済んだものを」といった愚痴は一切出ていない。

「あの子は何も悪くないのに、気の毒になあ。ワシはもともと体が悪かったから、あのことは関係ないのにな」

とも語っていた。ただ「あの子のことは、好きや、好きや」というのが口癖だった。

河西は平成八年までチーフスカウトを務め、その後嘱託で現場にいたが、平成九年十二月に年齢と体調面から勇退した。七十七歳、スカウト歴は三十九年になっていた。

「ワシは好きな野球で生活できて幸せやったが、生まれ変わってもスカウトは二度とせんな。しんどいわ。これからは楽しんで野球を見るわ」

彼もこのときからようやく自由に野球を楽しむ時間を持てたのだった。それは彼の長年の夢だった。

野球場も、これまでの野外型でなくドーム型が増えた。平成元年の頃は、東京ドームだけだったドーム型の球場も、十年もたたないうちに、福岡ドーム、大阪ドーム、名古屋ドーム、西武ドームと増えた。そして球場も広くなった。それまで両翼九〇メートル弱だった球場も、すでに一〇〇メートルを超えた。河西は球場大型化の時代を見越して、守備範囲の広い選手が必要とされるだろうと考えていた。攻撃も本塁打頼りでなく、いかに次の塁を奪えるか、それには足の速さが前提となると思っていた。

かつての時代のように打つだけの選手でなく、スモールベースボール向きの万能型の選手が力を発揮する時代になったのである。一方、高校野球も金属バットの影響で、打球が飛ぶようになった。

あるスカウトが言った。

「右打者なら昔はレフトだけにスタンドインする力があればよかったが、今はライトスタンドにも打てる打者が必要だ」

打撃練習の時間が増え、バッティングマシーンの導入で、いくらでも練習ができるようになった。ウエイトトレーニングの導入で、選手のパワーアップも進んだ。だが投手は昔と変わらず投げ込みしか主要な練習方法はない。当然、進歩した打撃力に対応するため、変化球に頼らざるを得なくなる。フォークボール、スライダーなどを高校生が投げるのは珍しくなくなった。

「好投手やなくて、巧投手や。物足りんなあ」

河西から、そんな呟きが洩れた。とくに明治大学時代はホップする速球を投げた藤本英雄と一緒に野球をやっていたから、その思いは強かったに違いない。

平成十年から石渡茂が、チーフスカウトを務めた。彼は西本幸雄監督の許で遊撃手として活躍、優勝チームのメンバーだった。むしろ「江夏の二十一球」のときの最後の打者、としての記憶が強い。

石渡は、大学、社会人選手に逆指名制度がある以上、逆指名権のない高校生選手を目利きで獲るように努めた。その最たる例が、平成十一年のドラフト会議だろう。指名九人中四人が高校生、一位、二位がいずれも高校生である。このときの五位に指名した高校生選手が、球界を代表する大投手になった。堀越高校の岩隈久志（現巨人）である。ＭＶＰ、沢村賞、最多勝利（二回）、最優秀防御率、最優秀（最高勝率）投手（二回）、ベストナイン（二回）などタイトルを総なめにし、平成二十年には21勝４敗、防御率１．８７、勝率．８４０と超人的な成績を挙げている。

河西は去ったが、近鉄には彼の手腕を受け継ぐスカウティングの強さが健在であった。岩隈には他球団はほとんど注目していなかった。ただ近鉄のスカウト陣は「化けたときは凄いものになります。将来の伸び代《しろ》がありますす」と球団上層部に言った。本来は一位にしてもおかしくない素材だが、近鉄は五位で取っても十分に残っているだろうと判断した。

入団当初は、肘や肩の痛さに悩まされ、入団一年目のキャンプでも最終クールでようやくブルペンに入ったほどだった。本格的に投げたのは六月に入ってからだった。その後も怪我をしたが、首脳陣は、徹底してサーキットトレーニングで体を作らせた。じっくり焦らずプロの体にしたのである。同期入団の中で出てくるのは一番遅かったが、時間をかけて鍛えたのが功を奏し、近鉄のエースになった。

引退後の河西は家にいて、甲子園球場の近くを散歩したり、春、夏の甲子園大会の季節になると、球場まで歩いて見に出かけたりした。引退してからは、一人歩きも怖くなったし、家で高校野球観戦をするつもりだった。だが、どうしても甲子園の歓声が自宅まで響いてくる。つい足が球場に向かってしまうのだった。球団を辞めるとき、近鉄のスカウトたちが、カシミヤのズボン下と革のコートをプレゼントしてくれた。これを身につけて球場へ足を運ぶことにした。

もともとは球場近くに木造二階建ての広い自宅があったのだが、阪神大震災で被災したため、近くのマンションに越したのである。壁が崩れ、タンスが倒れ、球団にも行くことができず、家の修理に追われた。寒さ、修理の手伝いなどで河西の体力も消耗した。

「屋根が傾いて、家ももうあかんわ。雨漏りとかもするんや」

と苦笑していたが、年齢から考えて、住まいの環境が変わることは意外にこたえるものである。甲子園球場まで、大人の足で自宅から十分程度だが、退院後の河西の足ではどれくらいの時間がかかっただろうか。しかし球場には近鉄の各地区担当のスカウト陣が集結するから、会えることを楽しみにしていたのである。河西が甲子園球場に姿を現すと、「ほら、お前のおとっちゃんが来たぞ」と近鉄のスカウト陣が言って、山本泰の隣に座らせた。恩師の息子は、自分にとっても子供みたいなものだったのである。

「カワさんは高校野球が一番好きだったのとちがうか」

と堀井和人も言う。ときおりスカウトの記したリストアップのメモを「どや？」と覗き込むこともあった。河西は甲子園大会の時期になると、大阪版の『サンケイスポーツ』に「あの子ええぞ！」あるいは「この子ええわ」などという題で、甲子園の試合で目に留まった選手を挙げてコメントするコラムを連載した。長く続いたコラムなので、タイトルも、よく変わった。じつはこの特集は近鉄スカウト在籍中からやっていたのだが、引退してからも続けていたのである。河西が試合後に、『サンケイスポーツ』の記者万代勉に話して、彼が構成して記事にした。

万代は河西の言葉のセンスに舌を巻いた。コラムはいつも彼の枕詞《まくらことば》で始まった。いつも澱みなく話題が出てくる。平成九年だった。甲子園に応援に来る女子生徒の姿に目が留まった。どの娘《こ》の靴下もゴムが伸びきったように緩んでしまっている。これを世に「ルーズソックス」と呼ぶ。河西は「腹巻の孫」と表現した。そして選手を見てこう呟いた。

「ルーズでええのはソックスまでや。練習はびしーっとやってほしいな。世の中、何が流行るかわからん。あまり年寄りをまごまごさせることだけはやめてほしいわ」

ルーズソックスと腹巻の孫の重ね言葉を駆使しての、野球観戦だった。

一方では、自宅が甲子園球場に近いため、朝早くから開門のサイレンが響いてくる。寝床まで聞こえてきて、目覚まし時計になってしまう。

「目覚まし時計なら、〝うるさい！〟と手を伸ばせば止められる。だけど甲子園のサイレンまでは手が伸びんわ。あと何日サイレンにたたき起こされんといかんのやろ。でもサイレンが聞こえなくなると淋しいな」

甲子園の入場行進も女子生徒が色とりどりの旗を持って歩き、派手になってきた。

「七十八歳のお爺ちゃんには行進というよりもパレードに見えたわ。これも時代の流れかいな。ただし、スカウトの目には時代の移り変わりはない。ええ子はええ子としてはね返ってくる」

甲子園球場近くの喫茶店で、注文を取りにきたウエイトレスに「お嬢さん、トイレはどこですか」と尋ねた。そのとき周囲から「お嬢さんやて」と声が聞こえた。

「じゃあどう呼べばええんや。〝お姉ちゃん〟て言えば納得してもらえるんか」

お嬢さん、という言葉に彼の育ちのよさが偲《しの》ばれた。

これももう十年くらい前になるだろうか、若者の間で穴の開いたジーンズが流行りだした。喫茶店のウエイトレスのジーパンが破れていたので、河西は心配して、

「ズボン、破れとるなあ」

と伝えた。じつは彼女は、流行でわざと穴を開けていたのである。そんな流行に無頓着な点も河西らしいところだった。自宅に電話をかけると、「あいよ」と言って電話に出てくる。仏のカワさんは健在だった。その一方で流行歌には詳しい。

甲子園の応援風景も変わる。アルプス席からモーニング娘の歌が聴こえている。宇多《うた》田《だ》ヒカルも知っている。

「この前解散した沖縄のおねえちゃんたちは、〝スピード〟やったかな。音楽を聴く耳も選手を見る目も気持ちは二十代や」

どうやらお孫さんに話を合わせるため、覚えていたふしがある。

河西は年を取っても肉料理が好きなのは相変わらずで、医者からコレステロールの心配をされ、野菜を摂《と》るようにと言われても、肉をよく食べた。それが元気の源だったのである。選抜大会は寒い日もある。いい選手に出会ったときは、体も温かくなると楽しみにしていた。

「テレビ観戦は目が疲れる。投手、打者の形はよくわかっても、勢いが伝わってこん」

と河西は言っていた。

その中で一番好きな投手は、横浜高校の松坂大輔だった。

「僕の好きなタイプや」

河西は球場で見ながら呟いていた。

平安高校に左腕のエース川口知哉という投手がいた。ニックネームは「ビッグ・マウス」。インタビューでもよく豪語していた。平成九年に選抜大会で２試合連続二桁奪三振を記録した大会ナンバーワン投手だった。フォームもこぢんまりせず、柔軟性もある。河西が惚れ込んだ投手だった。ただ制球難から、オリックスに一位指名で入団しても、一軍では活躍できなかった。

河西は「テイクバックに力が入りすぎる。だから腕がスムーズに出てこない。もっと力を抜いたら腕の振りも鋭くなり、コントロールも、カーブのキレもよくなる」と言っていた。欠点も見抜いていたのである。

一方、沖縄水産高校の新垣渚《あらかきなぎさ》も、腕の振りもいいし、肘もよく使えている。ただ下半身が弱いから、ボールを離す位置が一定しない。ここを鍛えたらよくなると見抜いた。彼は河西が獲得した近鉄の高村祐に腕のしなりが似ていた。

「投手としては最高級の素材。あのスピードはたまらん。プロの目から見てもよだれの出るほどの魅力がある」

そう感慨を洩らした。

大阪体育大学で投手となり、巨人のエースとなった上原浩治は、高校時代外野手だった。投げるにしても練習で打撃投手を務める程度だった。だが大学進学後、野球界では無名の大学だったが、そこでエースになり、全日本大学選手権大会で注目された。エリートではない彼は〝雑草魂〟と呼ばれたが、河西は彼の投球を見ていた。

河西の目には球のキレ、地肩の強さが目立ち、投手経験の浅い選手にたまにあるケースで、上手く育てれば凄い投手になると読んだ。

以下、七十八歳の河西がとらえた選手である。

○　敦賀気比《つるがけひ》高校　東出輝裕投手　後広島東洋カープ内野手

「理想的な一、二番打者。グラブ捌きも抜群で、将来性十分」。東出は投手として先発したが、途中で二塁手に変わった。打撃は線は細いが、馬力がある。足もよく内野手として大成する。

彼は広島東洋カープに入団して、チームのリードオフマンを務めている。

○　日南学園高校　赤田将吾二塁手　後オリックスバファローズ外野手

「バットの振り、とくにヘッドの走りがもの凄く鋭い。スローイングが手先だけだが、肩が強いので三塁手に向いている。この日、３安打（うち三塁打１、二塁打１）３打点の活躍」

○　鹿児島実業高校　杉内俊哉投手　後ソフトバンクホークス投手

「投球フォームに無理がない。腕の振りも柔らかい。ストレートはそれほど速くないし球威もないが、落差の大きいカーブは高校生には打ちづらい。昔のドロップという球やが、打者には甘くないドロップや」

○　佐賀学園高校　實松《さねまつ》一成捕手　後読売ジャイアンツ捕手

「捕手の第一条件は強肩かどうか。試合前のシートノックを見ていて各ポジションへの送球に勢いがあり、正確。生まれつき地肩の強さに恵まれている」

○　明徳義塾高校　寺本四郎投手　後千葉ロッテマリーンズ投手、後に外野手転向

「二兎《にと》を追うものは一兎も得ず、投手としても捨てがたいが、打者としても馬力があって逸材。どちらか一本に絞るべき。ワシは、外野に絞ったほうがええと思うが」
註：寺本はロッテ入団後、投手として芽が出ず（0勝0敗）、外野手に転向したが、活躍できなかった。
○　豊田大谷高校　古木克明三塁手　後横浜ベイスターズ、オリックスバファローズ
「とにかくええ馬力をしてるしバットの振りも鋭い。即プロでも合格だね。一回に左越え二塁打（古木は左打者）を打ったが、無理に左狙いをしなくてもいいのではないかな。若いうちは引っ張り専門の大きな打撃を目指すべきだと思うよ。大型三塁手誕生へ向けての素材としては申し分なし。本気も本気。長年のスカウトの眼が捉えた事実と思ってもらいたい」
註：横浜にドラフト一位指名された。打率は二割台前半と低かったが、平成十五年に22本塁打を打つなどパンチ力のある打撃を見せた。現在総合格闘家。
○　上宮太子《たいし》高校　亀井義行投手　後読売ジャイアンツ外野手
平成十二年選抜大会のナンバーワン投手だったが、明徳義塾打線につかまった。だが河西は「心配せんでもええとこは見せてもろうた。打撃や。いい振りしている。軽い走り方も気に入った。野手として考える球団も出てくるやろ」と考えた。中大時代は〝東都のイチロー〟と呼ばれ、現在巨人で巧守巧打の外野手として活躍中。

○　関西創価高校　野間口貴彦投手　後読売ジャイアンツ投手
「あえて辛口評価。変化球の多投しすぎ。威力のあるストレートで追い込み、フォークで三振を取ったのなら納得する。彼は逆に変化球でカウントを有利にしてのストレート勝負。将来、プロを目指すなら速球主体の投球にこだわってほしい」。河西は変化球主体のこぢんまりまとまった投手になることを懸念したのである。

○　北陽高校　嘉勢《かせ》敏弘投手　後オリックス投手
「ええもんはええ。打席に立っただけで、かつての清原のような堂々とした風格がある。大型選手はアッパースイングになりがちだが、嘉勢はきっちりレベルスイング（バットを水平に振る打ち方）をしている。体の軸がしっかりしているのもええ。馬力のある選手は腕の力に頼りがちになるが、彼は腰の回転で打っている。どんなときも体の中心線に崩れがない。

投球フォームは大阪学院高校時代の江夏にそっくり。ただ速球の威力が乏しく、カーブ投手のイメージが強い。江夏は投手で活躍したが、嘉勢は打者の道を歩いたほうがええのやないか」

註：外野手で入団の後、投手に転向。投手としては実働六年で3勝7敗。

スカウトの極意は〝誠意〟

スカウト歴四十年の目は引退してもますます鋭くなっていた。ただ河西も、全体的に選手の下半身が年々弱くなっている傾向が気になっていたようだ。昔は徒歩や自転車で学校に通っていたから、自然と下半身の強化ができていた。だが今はバス、電車で通学する。椅子に座ることも多い。あぐらを組んで座ることもない。生活様式の移り変わりが、下半身をスマートにさせているのではないかと思った。

「まあワシは今更鍛えようもないがのう。筋肉が赤とんぼ並みではなあ」

そんな冗談も忘れなかった。

甲子園大会へ行くのを楽しみにしていた河西も、次第に足が遠のくようになった。

「甲子園の階段を上がるのがしんどいわ」

と語るようになった。やがて甲子園の近くの喫茶店でスカウトに会うようになった。

「元気か。ワシもなあ、足が弱ってなあ」

やがて平成十六年をもって大阪近鉄バファローズはオリックスに吸収合併された。

このとき河西はとくに感慨めいた言葉を洩らしていない。近鉄のスカウト陣には「通常通り仕事をしてください」という会社からの連絡があったが、彼らは正直身は入らなかった。やはり今後の生活がある。不安のほうが大きかったのである。

だがスカウトたちも河西のことを気にしていた。

「今年、カワさん見なかったな」と皆で噂し、電話をしたら「もう足が動かんのよ」と河西は呟いた。散歩もしなくなっていた。

南海で同僚だった堀井数男が亡くなったときも、河西は申し訳なさそうに、

「すまんなあ。（葬儀に）行きたいけど足が動かんのや。お父ちゃんにも大変世話になったなあ」

と息子の和人に述べた。このときは車椅子生活を余儀なくされ、外出もままならなかったのである。

晩年の河西がショックだったのは、平成十年十一月にオリックスの編成部長だったスカウトが五十三歳の若さで自殺したことだった。彼は愛工大名電工高の投手だったイチローの打者としての素質を見抜き、野手で入団させたことで知られる名スカウトだった。

平成十年のドラフト会議では、ある沖縄出身の大型高校生投手をオリックスが一位指名した。だがその高校生は、地元に近い九州の球団を強く希望、他から指名されれば進学すると言っていた。どの球団も指名を回避したが、オリックスは指名に踏み切ったのだった。

高校生選手の場合は「行かない」と強く拒否しても、交渉次第では入団するケースもある。そこがスカウトの腕の見せ所でもあるのだが、その意味で、球団も選手本人も責

められない。ただ当事者のスカウトが必死に口説き落とさねばならない。

「同じ人間。きっとわかり合える」

そう信じて沖縄へ乗り込むも交渉は難航。選手の自宅前で雨の降る中、六時間待つも、本人に会えない。心配したイチローがそのスカウトに激励の電話を送っている。だが選手には会えたものの、いっこうに交渉は進展しない。

「疲れた、眠れない、失敗だったよ」

スカウトは思い悩み、そんなコメントを残すようになった。食欲がなくなり、沖縄のマンションにいたそのスカウトは、自殺してしまったのだった。河西はこのスカウトの死を知ったとき、絶句して「辛いなあ」と新聞記者に語ったという。

「門戸を開いてやらなければいけない仕事なのに、何で命を落とさないといけん状況にスカウトが追い込まれるのやろう」

こうも言った。そして、

「スカウトは重い責任を背負わせられた会社の中間管理職のような立場なんや」

と声を震わせるしかなかった。

（翌年そのスカウトは労働基準監督署により労働災害と認定された）

どんな無理な状況でも、頑張ってしまうのがスカウトである。責任感の強い人物ほどその苦しみは深くなる。とくに逆指名制度が導入されたため、高校生は希望外の球団から指名されれば、入団拒否をして、大学に進学し、卒業のときに希望球団を逆指名できる。この状況では、スカウトも口説き落とすことは困難なのである。

「逆指名など全廃すればいい」

というあるスカウトの悲痛な叫びは胸を打つ。もう人を信用しない、何べん足を運んでも、振り向いてもらうには金しかない、義理人情はなくなった、プロの誠意は金しかない、そんな言葉が囁かれるようになった。

戦力の均衡化、契約金の高騰を防ぐドラフト制度の歪《ゆが》みが生んだ悲劇と言うしかなかった。

もう一つは、平成十六年、東京六大学野球の投手がプロ側から裏金を受け取っていたことが発覚した事件である。この投手は150キロの速球を投げ、全日本大学選手権では完全試合も記録し、多くの球団から注目されていた。「栄養費」「車代」という名目で、百万程度のお金を、いくつかの球団から受け取っていたのだった。ドラフト制度も平成五年から大学、社会人選手に逆指名が認められたから、どの球団も、有望な選手には自分の球団を指名してもらうように手を尽くすようになった。その行き着いた先が、裏金だった。

ドラフト制度の根幹すら揺るがしかねない事態である。十二球団の戦力均衡という本来の目的はなくなった。

河西はこの事件を知ったとき、淋しそうに言った。

「資金力のある球団だけが得をするようになってしもうた。これが諸悪の根源や。もう若い選手の気持ちを動かそうと思うと、誠意やなくて、金になってしまうわ」


河西は腎臓病が悪化して、寝ていることが多くなったときも、夫人のマサがオールウェイズの音楽をかけてやると静かに聴き入っていたという。彼はパジャマを着ても、ボタンをきちんと留めなかった。ところがある夜、彼はボタンを全部かけて寝た。朝、姿を見せないので、マサが起こしに行くと、ボタンをきちんとかけた姿で安らかに亡くなっていた。河西は平成十九年六月二十五日、腎不全でこの世を去った。八十七歳だった。いつもの柔和で安らかな表情は、スカウト時代と変わらなかった。しかも亡くなる三日前まで昼間は座椅子に腰掛けて過ごしていた。家族の手を煩わせてはいけないという配慮からだった。マサは言った。

「家では野球のやの字も口にしませんでした。野球人生を全うした大往生でしたから、笑顔でさよならが言えました」

葬儀のときに、河西と双璧のスカウト木庭教から弔電が届いた。この年、阪神は二位にいた。河西がかつていた古巣である。平成十五年は優勝、十七年も優勝。数年続いた最下位チームから完全に脱却していた。

木庭は弔電にこう書いた。

「河西俊雄様には私の駆け出し時代、いろいろ指導を受けました。尊敬していた先輩でした。長年の球界へのご尽力、ご苦労様でした。今朝の新聞報道等で驚いています。今日あるタイガースの基を築かれた名スカウトでした。ご冥福をお祈りいたします」

河西は生前「選手の好みが木庭さんとよう似てましたわ」と話していた。その木庭も河西逝去の翌年、平成二十年の五月に亡くなった。

河西と親しかったヤクルトの元スカウト片岡宏雄は言う。

「今はスカウトもふつうのサラリーマンと変わらない。スカウトがいなくても新聞を見れば、その選手のランクが出ている。それを見てればいい。楽しみというか、面白みがない。もう冒険はできない」

かつては、冒険して選手を獲ることができた。とくに試合に出ていないが隠れた実力派という選手が獲れた時代だった。そこにチーム編成の特徴が出ていた。

今は情報はどんなところからも入ってくるから「洩れる」という感覚はない。片岡は今のスカウトを「調査員」と揶揄する。

「現在はこれは面白いとか、俺だけ〝いいな〟と思っても、会議で多数決にかけてしまうからそれが通らない。無難なもの、まあまあというものしか獲らない。昔は喧嘩しても掘り出し物が獲れたのに」

河西の時代はスカウトがもっともスカウトらしく、〝漁師〟としての力を発揮できた。河西も片岡も、この選手を上司に見せたら嫌がるだろうなと思ったら、わざと見せずに、推薦して獲ったこともあった。

「獲ってみないとわからん」

そんな余裕もあった。

片岡は最後に言った。

「カワさんや僕らの時代が一番よかった。野球もよかった。一番よい時代やった」

そんな牧歌的な、まだ管理も、情報も混沌とした時代でスカウトは自分の腕を発揮し、名を残した。河西はその中でも優れて名前が残るスカウトだった。

彼は夏の甲子園大会が終わると淋しいと常に言っていた。やはり心底高校野球が好きな人だったのだろう。

河西が世を去って、三年。もう河西のような人情味溢れるスカウトは現れないのだろうか。きっと天国にいる河西は関西弁でこう言うだろう。

「それでも、どこかに必ずええ子はおるで。必死で探しなはれ。このお爺ちゃんに免じて野球をいつまでも愛してくれへんか」

スカウト歴約四十年で、入団させたのがおよそ三百人。

晩年、「スカウトの極意は?」と聞かれたときに、河西は「やっぱり誠意かな」と答えたという。人情味溢れ、誠実さをモットーに口説く辣腕スカウトはもう現れないのだろうか。お金でも、名誉でもなく、最終的に大事にするのはお互いの「誠意」。この言葉が二十一世紀にも生き続ける限り、野球界は大丈夫だろう。この言葉が効力を失ったとき、野球界に限らず、どの社会も崩壊するだろう。半世紀近くかけてスカウトを続けた河西の言葉は、おそろしく平凡だが、説得力に満ち、聞くものの心に沁みる。一流のベテランスカウトだけが持ちえた言葉の重さである。彼のスカウトとしての誠実な人生、選手への愛情、そして数々の人を見抜く目と言葉が、野球を超えて二十一世紀の人たちに新たな生命力を持って生き続けることだろう。

平成三年十月の「日本プロ野球コンベンション91」(現NPB AWARDS)で、河西はプロ野球の発展に尽力した功績で、スカウトとして唯《ただ》ひとり表彰された。それはプロ野球を陰で支えるスカウトの功績を球界が認めた証だった。河西の栄光の勲章である。

河西は野球を心底愛した、大正生まれの義理人情に厚いサムライだった。

第7章　二十一世紀のプロ野球のスカウトは今

平成三十年ドラフト会議

平成三十年十月中旬、私は大阪市中央区心斎橋にある「堀井」というスナックにいた。名前のとおり、オリックスブルーウェーブでスカウトグループ部長を務めた堀井和人が定年退職後に開いた店である。カウンターだけのこぢんまりとした店だが、堀井自身が南海ホークスの選手であったので、店内には南海ホークスのフランチャイズとビジター用のユニフォームや応援グッズ、堀井の現役時代の写真などが飾ってあり、今でもホークスファン、堀井がスカウトを務めたオリックスのファンで賑わう。

数日後にドラフト会議を控え、開店前の店で私は堀井と今年の有望選手について誰が大成するか、どこの球団が獲得するかとりとめのない会話を交わしていた。

平成三十年はとくに高校生に大器の片鱗を感じさせる選手が多かった。もっとも印象が深いのは夏の甲子園で決勝まで残った金足農業のエース吉田輝星《こうせい》。彼がどこに指名されるのか。甲子園で球速150キロを記録した右の本格派である。公立高校で、秋田県勢を一〇三年ぶりに決勝に導いた右腕は大会のとくに大きな話題になった。

　野手ではどうだろうか。堀井は三人の選手を挙げて甲乙つけがたいと評価した。オリックススカウト時代に、本塁打王に輝いた和製大砲のT－岡田、平成三十年にヤクルトで打率.317を記録した坂口智隆を発掘した慧眼は今も衰えてはいない。

　まずは大阪桐蔭の根尾昂《あきら》、投打の二刀流でしかも学業成績優秀という非の打ちどころのない選手である。ショートで固定される可能性が高い。

　二人目は報徳学園のショート小園海斗で、守備はすでにプロ野球の一軍レベルという選手である。負けん気の強い性格はプロにうってつけだ。三人目は外野手の藤原恭大《きょうた》である。根尾と同じ大阪桐蔭だが、夏の甲子園では打率.462、本塁打3本を記録した。長打率は9割を超え、文字通り高校生ナンバーワンの外野手である。

　彼らに共通するのは、右投げ左打ちである。正直私の目からは誰がプロに行っても成功するだろうと思うし、三人の優劣はつけがたい。だがプロ球団は、そこに伸び代、実力差、チーム事情を反映させて指名するだろう。どういう点が三者の評価の違いを生むのだろうか。

　堀井は開店の準備が終わったのか、カウンターの椅子に腰を下ろし、どうやろうなあと呟き思案していた。

「河西さんも、野手はいいのがいたら絶対に行かなければいけないと言っていましたね。とくに今年は高校生のいい野手が非常に多いからね。皆、金足農業の吉田に注目してるけど、野手のほうがええなあ。この三人でどれがいいかという議論がある。三人の実力は変わらんけど、将来性がわからないわけです。これがスカウトの一番難しいところです。三人のうちで、五年後に誰が一番になっているか予測できない」

投手はいい素材であれば、高卒で指名する。投手は早くプロに入れたほうが伸びる。大学に行ったら遠回りになる。この期間が一番伸びるときだからである。

野手は、とくに体の小さい選手は、大学や社会人などワンクッションおいて獲る。プロで通用するのか見当がつかないので、様子を見たいからだ。遠回りであるが、成功した事例に世界の盗塁王の福本豊（大鉄高校→松下電器→阪急）、五年連続盗塁王になった赤星憲広（大府高校→亜細亜大学→JR東日本）の例がある。

前述した三人は、身長一八〇センチ前後、体重八〇キロ前後と内野手として理想的な体格だ。即プロへ行くのがふつうだろう。

だが三人の将来性は誰が一番かはやはり難しいな、と堀井は呟いた。かつて昭和四十九年に高校生四天王と騒がれた投手がいた。いずれも甲子園を沸かせた右の本格派で、鹿児島実業の定岡正二（夏ベスト4）、横浜高校の永川英植（二年の選抜で優勝）、銚子商業の土屋正勝（夏優勝）、土浦日大の工藤一彦（春夏甲子園出場）で、高校時点での実力はほぼ同じだった。

　定岡は巨人に、土屋は中日に、永川はヤクルトに一位指名され入団した。工藤だけが阪神に二位指名だった。

　阪神は丸善石油の古賀正明を即戦力として一位指名したが、結局入団拒否された。工藤は自分だけが二位指名という点にプライドも傷つけられたが、当時阪神スカウトの河西の説得によって阪神入団を決めたことは先にも記した。だがこの中でもっとも活躍したのが工藤だった。選手生活も一六年と三人のなかでもっとも長く、チームのエース格になった。

　これほどまでに選手の将来性を判断するのは難しい。入団後もコーチの育成方法や選手自身の努力など多くの要素が絡み合って、選手は作られる。そこまでも見抜いておかなければならないのがスカウトの過酷な宿命かもしれない。

　河西さんなら、根尾、小園、藤原で誰を買ったでしょうかねと堀井に聞いたが、彼は思案したまま口を開くことはなかった。

　堀井は言う。

「広島の丸佳浩（現巨人）も高校時代に見ていたけど、そこそこよかったけどね、あんなホームランバッターになるとは思わなかった」

そこでスカウトが判断するには何よりも独自の目を持つことだ。河西は高校に出かけても一投げ、一振りで選手の資質を判断した。もっとも、早く帰って好きな麻雀をしたいという思いもあったが。

後輩のスカウトを連れて行っても、見込みのない選手の見極めは早かった。

「行くぞ！　何、もう一度見たい？　こんなん見てもしょうもない。行くぞ！」

河西が担当スカウトの報告を受けて姿を見せても、高校の監督はこう皮肉を言う。

「河西さん、すぐ帰りはるんでしょ」

しかし有望な選手のときは、いつまでも目を光らせて見ている。河西と親しかったヤクルトの編成部長の片岡宏雄は、他球団ながら気が合って一緒に選手を見て回った。

片岡は言う。

「片やんと言って可愛がってもらいました。そんなに選手を見るのに時間はかけませんね。第一印象で決めていました。ダメな選手は何回見ても一緒という考えがありましたね。女性をぱっと見るのと一緒で、感性を大事にされていました。早い人でしたが、いい選手を見るときは、何となく見入っているなという感じでした」

そして見入った後に、じゃあ帰ろうかと河西が言ったときは、もう判断ができていた。

彼の心理を知らない高校の監督は、河西の真剣な顔を見て呟いた。

「今日は長いでんな……」

もっとも片岡と一緒に回ると言っても結局はライバル同士。本音を出すことは控えた。いい選手がいたとする。片岡の目に留まった。そのとき河西に言う。

「カワさん、こんな選手を獲ったらえらい目に遭いますよ」

「そうだよなあ」

そう言って片岡はその選手を獲った。だが河西も嘘に気づいていたのだろうと片岡は回想する。もちろん経験豊富な河西も負けてはいない。片岡の虚をついて、選手を獲得した。

「言っていることとやっていることは違います。本音は絶対話さないが、お互いにわかっていたと思います」

片岡はそう語るが、河西は近鉄を辞めた後も、片岡が甲子園球場で選手を見ているときは、

「片やんはどこにいるんや」

と言って、隣の椅子に座って野球を見ていた。

「小さいことにこだわらない人やったなあ」

片岡は呟いた。

河西が、高校生の内野手の判断の材料としたのが、これも前述したが足の運びである。併殺プレーのとき、ショートであれば、二塁ベースにカバーに入る。二塁手であれば、

ゴロをベースカバーに入るショートに送球する。いずれもこれをきれいに捕って、すぐに一塁へ転送し、併殺を完成させる。このときの二塁ベースまでの足の運び方如何で、併殺が上手く行くか、行かないかが決まる。これは持って生まれたセンスなのだと河西は言った。

「同じところに送球は来ませんから。ちょっと逸《そ》れる場合もあるし、それでも体勢を入れ替えて足をぱっと運んで、二塁ベースに着いて送球できるかや。たとえば、送球が逸れたときは、自分も足をずらして、ずれた送球に対応できるかやね。上手い人はぱっと足を運んで、足でベースを踏むことができる」

河西はこの足の運びにこだわったが、福留孝介、元木大介クラスでもふつうだったという。この点、根尾は足の運びが上手い。そういう意味で、河西は根尾をもっとも高く評価したと筆者は想像するがいかがであろうか。

なお、この足の運びは投手でも見ることができる。一塁ゴロで投手がベースカバーに行く瞬間である。すぐに一塁に走れる投手、判断に躊躇《ちゅうちょ》する投手。いったん走り出したら、一塁手からの送球を見ながら捕球し、確実にベースを踏む。もちろん送球はずれることもある。走りながら上手く捕って、一塁ベースをきちんと踏む。同時に二つのプレーを要求されるが、足運びのセンスのない投手は、ベースを踏めない。これは一塁側へのバントの処理でも見られる。この点、金足農業の吉田は上手い。

十月二十五日に行われたドラフト会議では、根尾、小園を四球団、藤原を三球団が指名した。結局、抽選の結果、根尾は中日が、小園は広島が、藤原は千葉ロッテが交渉権を獲得した。金足農業の吉田は、根尾の抽選に敗れた北海道日本ハムが一位指名した。

スカウトのやり方も変わった……

河西がスカウトを務めたのは自由競争の時代から、ドラフト会議が始まり、平成一桁までである。まだ平成の初期であれば、スカウトは監督に挨拶もできたし、選手の家に行くこともできた。今はどこでもスカウトを学校に呼んで入団交渉を行う。さらに平成十五年に個人情報保護法が施行され、選手の家庭環境、家の場所、親の職業が調査できなくなった。スカウトは選手の周りから聞いて調べるしかない。昔だったら当たり前にわかっていたことが、一つ一つ面倒な手順を踏まないと知ることができない。

それと矛盾するのがネットによる情報過多である。極秘で高校の監督と酒を飲んでも、見ていた人間が拡散してしまう。

「もう伝説のスカウト物語もできないね」

堀井は苦笑した。

平成十六年度に始まった「プロ野球志望届」という制度も、スカウトの在り方を変えた。これはクリーンな方式であり、むしろ評価すべきである。かつては高校生選手が大学に進学したい、社会人野球に行きたいと意志を表明しても、プロ側が強行指名して、入団させることもあった。「プロ野球志望届」を出さなかった選手は、大学進学予定者、就職予定者と見なされ、ドラフト指名を受けることができない。

「昔はプロに行くと言う人が（プロに）行かないで、プロに行かないと言う人が行くことがようあった。あの時代は選手がどこへ行くかわからないことが多かったから。全部逆転、逆転やったやろ。スカウト同士の騙しあいもあったし、そういう時代だったからね。今はそれがないから、スカウトは楽になっている部分はありますね」（堀井）

プロに行きません、大学に行きますと言ってプロに行った例としては、巨人の桑田真澄がよく知られる。駒澤大学に進学が内定していながら、ダイエーホークスに入団した城島健司もそうである。

それと現在は平成の初期と比べて、巨人一強人気ではなく、パ・リーグもファンが増えた。球団は札幌、仙台、福岡など地方にフランチャイズを設けることによって、地元のファンに愛され根付いた。球場も観客でいっぱいだ。昭和の時代の南海、近鉄、阪急のように球場に閑古鳥が鳴くこともない。かつては在京のセ・リーグ球団が人気だったが、それは薄まっている。

「巨人しか行かない」

という選手を囲い込むこともなくなった。

あるスカウトから、スカウト手帳をこっそりと見せてもらった。それはビジネスマンの手帳大の大きさの、分厚いノートだった。そこにアマチュア選手に対する評価表が載せられていた。球団の方針が色濃く反映された評価報告書に、Ｓ、Ａ、Ｂ、Ｃと点数を書き込んでいく。Ｓはスペシャルで最大級の評価。Ｃランクではプロ入りはおぼつかない。

項目は、打撃であれば「ミート力」「パンチ力」「タイミング」「変化球対応」「スイング」と細部にわたり、帰宅したらパソコンに点数を入力する。その結果、選手の総合得点が判明する。当初はパソコンも使えないスカウトも多かったが、球団のパソコン教室で操作方法を覚え、習得していった。

あるベテランスカウトは苦笑した。

「今まで手書きだったのに、パソコンでしょう。ようやくキーボードを両手で打てるようになったら定年です。もう今は打てませんよ。若い子なんて選手を見もしないでパソコン打っている」

とくに楽天、横浜ＤｅＮＡ、ソフトバンクなどＩＴ系の親会社が増えてきたので、スカウトがパソコンが打てませんでは、話にならないだろう。

ではどこでスカウトの判断が出てくるか。それはドラフト会議当日の指名順序である。

ある選手をドラフト三位くらいで指名したい。だがどうも他球団も狙っていそうだ。ライバル球団は三位で指名しそうだ。スカウトは何度もシミュレーションをして、三位に行きそうなら、こちらは二位に挙げて指名することを球団に進言して、先に交渉権を得る。

じつはこの作戦の過程で、平成六年、近鉄が狙っていた稲葉篤紀をヤクルトが指名してしまうということがあった。平成六年のドラフト会議では、河西は法政大学の稲葉を四位で指名する予定だった。彼はヤクルトの編成部長の片岡宏雄と親しかったので、ヤクルトは稲葉を指名しないことを内々に知っていた。順序は近鉄、ヤクルトである。ウェーバー方式なので、先に指名したほうが交渉権を得る。

近鉄は三巡目に回ったとき、南真一郎という社会人の投手を指名した。四巡目で稲葉を指名する予定だったが、次のヤクルトはとくに三位で強行に指名したい選手がいなかった。この直前にヤクルトの監督の野村克也は、神宮球場で自分の息子の野村克則の試合を見に行っており、そのとき対戦相手の稲葉という存在が目に留まっていた。

「あの法政の左を獲れや」

野村はそう言って、稲葉の三位指名が決まった。稲葉もこれには驚いたらしく、まさかヤクルトとはと驚いた。近鉄から指名されるものと信じていたからである。

近鉄の稲葉指名はヤクルトにさらわれた。プロ入り後の稲葉は後に北海道日本ハムに移籍し、そこで通算2000本安打を達成し、首位打者のタイトルも獲得、ベストナイン、ゴールデングラブ賞常連の名選手になった。近鉄にとって悔やんでも悔やみきれない選手を奪われたことになる。

河西は後で片岡に「どうしたのよ」と聞いたが、片岡が事情を伝えると「しょうがないよね」と語ったという。

スカウトの重要性を教えてくれた広島東洋カープ

だがこれだけ情報網が発達し、スカウトの在り方が変わった今、改めてスカウティングの重要性を教えてくれた出来事があった。平成三十年にリーグ三連覇を果たした広島東洋カープである。二十八年が二位巨人に17.5ゲーム差、二十九年が二位阪神に10ゲーム差、三十年が二位ヤクルトに7ゲーム差と毎年圧倒的な力を見せつけ、独走状態での優勝だった。そのとき注目されたのが、広島のスカウティングシステムであった。もともと資金的に裕福ではない球団なので、フリーエージェントやトレードなどで大物選手を補充することは不可能である。

そこで生え抜きの選手をじっくりと鍛え、育て一流選手に成長させる。この三回の優勝も、投手は中崎翔太、野村祐輔、大瀬良大地、打者は丸佳浩、松山竜平、菊池涼介、鈴木誠也など広島に入団して中心選手に育った人たちの活躍が実を結んだ。これ以前にも前田智徳、黒田博樹、東出輝裕、栗原健太、前田健太など錚々たる生え抜きが並ぶ。

資金力に物を言わせた巨人の補充方針とは対極にあり、有望な新人選手を発掘し、時間をかけて育ててゆくことの必要性を、広島の優勝は改めて教えることとなった。

広島はチーム内でポジションごとに育成の計画表を作る。選手の獲得は、その「空間」を埋めるように行ってゆく。チームのスカウト統括部長である苑田聡彦《そのだとしひこ》は、かつて筆者に語ってくれたことがある。

「たとえば今年ある若手選手が二軍で活躍し、来年は一軍での活躍が見込まれるとします。すると、ポジションがかぶる大学や社会人の即戦力の獲得は見送る。当たり前ですけど、なかなかできることじゃない。せっかく獲得する選手を無駄にしないためにも、必要なことなんです」

そのようなチーム方針の中から、屋台骨を支える右記の選手が生まれた。時代が変わってどれだけネット等で情報網が整備されようと、スカウトの存在は変わることはない、と広島の事例が伝えてくれている。

そこで思い出されるのが、選手を見る目の重要性である。それは河西の眼力である。前出の堀井は言う。

「カワさんは、今のスカウトと違って昔風の職人や。サラリーマン的なパソコンを持って、会議で報告してという、今のスカウトのやり方にはついていけないと思う。カワさんは本当に自分の目を頼りに選手を見た人だったからな。その判断は早いし、ダメなものはダメと即座に見抜いた。カワさんは球の速さはスピードガンとは違うぞ、球のキレを見ないとあかんぞと言った。スカウトの目やぞ、目やぞと何回も言われました」

河西の目に最高に適った投手が、野茂英雄だった。スピードガンの計測値もよかったが、河西の目に映った球のキレは文句のつけようのない素晴らしいものだった。この年は佐々岡真司（広島）、与田剛（中日）と速球派がいたが、いの一番に野茂だった。

今と昔を比べればどうであろうか。河西は金足農業の吉田を見ることはできないが、まっすぐの質は松坂大輔以上ではないかというのがスカウトの見方である。だが松坂世代を見ているスカウトには、伊良部秀輝（尽誠学園）のほうが松坂よりも球の勢いはあったという人も多い。

河西は作新学院の江川卓《すぐる》をもっとも買っていた。まっすぐとカーブしかなかったが、速球はスピンがかかり、高めの球はホップした。まさに彼の目でしか判断できない球のキレだった。

「江川はやはり怪物や」

と河西は語っていた。

これからの時代は人工知能（ＡＩ）が発達して、人間が行っていた仕事を奪っていくと言われている。その可能性は無限大で、事務仕事、受付など際限なく可能性は広がる。

スカウティングにしても選手の能力を数値化できる精巧な人工頭脳が開発されるようになれば、スカウトのありようもまた変わるだろう。だが、河西がした判断を人工知能はできるだろうか。人の内面、闘争心、足の速さでなく、ずるい走塁、すなわち野球足などこれまで河西が選手を見るときに大事にしてきたことは、数字で表すことは不可能である。それらは機械では判断できず、人間の感性、眼力、経験値に培われた人を見抜く能力は機械では養成できない。

結局は、スカウトが靴底を擦り減らし、汗を流して選手を見た経験値には敵《かな》わない。それはスカウティングに限らず、多くの組織、ビジネスの世界でも原点に帰って、人が自分の目で判断することの大切さを知る時期に来ている。これはじつはもっとも難しい行為なのだ。

片岡宏雄は改めてスカウトの仕事を語る。

「人間が人間を評価するのは至難の業ですよ」

その厄介な仕事を片岡も河西も、長年務めあげてきたのだった。

河西の行くところに優勝ありと言われたが、現在、彼が獲得した選手は現役を引退して、指導者として後進の育成に力を注いでいる。

平成三十年を見ても、ソフトバンクの髙村祐投手コーチ、的山哲也二軍バッテリーコーチ、楽天の古久保健二バッテリーコーチ、横浜ＤｅＮＡの光山英和バッテリーコーチ、巨人の阿波野秀幸三軍投手コーチ、中日の森脇浩司野手チーフコーチなど各球団にくまなく存在し、選手を育てている。

平成二十九年に阪神の二軍監督を務めた掛布雅之もその一人であった。監督経験者で言えば、阪神の中村勝広、藤田平もそうだった。

河西の教え子たちが、今度は選手を育て、新しいプロ野球界を作ってゆく。彼のスカウトした選手たちは、形を変えて今も球界に広く生き続け、新しい歴史を作ってゆくことだろう。

エピローグ　名スカウト河西俊雄が残したもの

私が河西俊雄氏の名前を知ったのは、平成七年冬、ＰＬ学園の強打者福留孝介選手の入団交渉のときでした。彼の実家のある鹿児島で、七十歳を超えていたにもかかわらず、入団交渉を続け、ついには過労で倒れられた姿を新聞で見て、スカウトの大変な苦労を初めて知りました。すでにスカウト歴は約四十年。命を賭けて仕事をされる姿に感銘を受け、と同時に江夏豊、藤田平、掛布雅之、阿波野秀幸、大石大二郎、野茂英雄、中村紀洋ら多くの錚々たるスター選手をスカウトされたのが河西さんであることに驚きました。河西さんは、まもなく体調を崩され、スカウトを辞められました。私はプロ野球の華やかな舞台は、その裏にこうしたスカウトの働きがあって、成り立つことを知ったのです。スカウトは決して表に出ることはありませんし、入団交渉の最前線にいながらも、選手の入団発表のひな壇には姿を見せることもありません。「黒子に徹したプロフェッショナル」そのあり方に強く惹かれ、とても魅力的な職業だと感じました。河西さんは粘り強い交渉力からニックネームは「スッポンの河西」と言われたそうです。

また、近鉄バファローズのキャンプ地である宮崎県日向《ひゅうが》市に取材に行ったときのことです。そこで、あるスコアラーに河西さんのことをうかがいました。「彼はチームによく尽くしたから」と河西さんが球団に掛け合って、その方を球界に残れるようにしてくれたのだそうです。

私にはスカウトはどこか灰色のイメージがこれまでにありました。契約金など金にまつわる部分も多かったからかもしれません。ですが河西さんは別でした。どこまでも人の誠意を信じ、誠意に訴えかけて、次々と大物選手を入団させてきました。そして選手が辞めるときも、必死で次の仕事の世話までされる。このとき河西さんのもう一つの愛称を知りました。「仏の河西」です。

河西さんは、平成十九年に亡くなられ、氏の訃報を取り上げた新聞を見て、私は氏の伝記を書こうと決意しました。氏は日本プロ野球史とともに生きた人であり、それはスター選手の側からでなく、スカウトという裏方の目で見た野球史にもなると思ったからです。同時に氏の持つ一流スカウトの目は、野球だけでなく、目まぐるしく世界が変化し、不安定な今日に、先を見通す目、本物を見抜くヒントを与えてくれるはずです。そしてその見出した大切な「宝石」「原石」を、獲得するための交渉力、人間力。組織において一番大切なのは、結局は人、すなわち人材です。スカウトは究極の勝負の世界で、その人の素質を見抜き、組織も本人も生かす道を決める仕事です。それは当然野球だけでなく、どの組織でも重要なことです。

河西さんは、選手のふだんの何気ない仕草、ユニフォームの着こなし、シートノックの最中、あるいはボールを追う姿、それらの中に隠れたスター性や才能、センスを見抜きました。しかもそれを一瞬のうちに判断できました。これはどこの世界でも通用する見極め方だと思います。人が意識しない無意識の振る舞いにこそ、人の本性が現れるということでしょう。

河西さんは、「スカウトに必要なことは何と言っても誠意だ」と語っていました。常に人にある何かを信じる心、人を愛し、信頼する心、それはスカウトするに際してはそれほど重要視されないかもしれません。でも最後に多くの選手に入団を決断させたのはこの「誠意」でした。

私はある文芸評論家の言葉を反芻《はんすう》しています。

〈人生は悪意にみちたものかもしれないが、どこかに善意はある。どんな人間のうちにも、一片の善意はひそんでいるものだ〉（亀井勝一郎《かめいかついちろう》）

その善意に出会うことが、人として最高の喜びだと言うのです。分野こそ違え、河西さんもまさにそうでした。私たちも、今目の前にある溢れる情報に惑わされることなく、「誠実な目で物事を見ること」、それが「ひとを見抜く目」にも繋がると河西さんから教わった思いがします。

その意味でも、野球ファンだけでなく、多くの組織の中にいる方にも本書を読んでいただけましたら、著者としてこれにまさる光栄なことはありません。

最後になりましたが、本書を著すにあたり、じつに多くの皆様のご協力をいただきました。河西さんの奥様をはじめご家族の皆様、元近鉄スカウトの方々、球界関係者、マスコミ関係者の皆様に取材でお世話になり、ご教示をいただきました。皆様に厚くお礼を申し上げます。ありがとうございました。

なお、作品の性質上、敬称は略させていただきました。

平成二十二年五月二十四日

澤宮　優

文庫版あとがき　「人を見抜く、口説く、活《い》かす」極意を知る

プロ野球界の伝説の名スカウトとして知られる河西俊雄氏の伝記である『ひとを見抜く』（河出書房新社）を刊行したのが、平成二十二年八月だった。河西氏は平成十九年に死去されたので、亡くなられて三年後に本書が刊行されたことになる。

その後も本書は多くの野球ファンの方に読み継がれ、やがてスカウト本のブームが起こり、多くのスカウト関係の本が刊行された。拙著がその代表作として語られるときもあって、それは大変に光栄なことであった。

この本の特徴は息の長さである。本書は数年前に絶版になったが、その後も「ナンバーウェブ」や『東京新聞』『中日新聞』の社説、『東京新聞』のコラム「筆洗」などで大きく取り上げられた。これには著者である私も驚いた。これは本書云々《うんぬん》ではなくて、本書に描かれた河西俊雄氏の選手を見る目の確かさ、人の長所、伸び代など細部にわたるまで、いかにデータに頼らずに見抜き、しかもプロ向きの性格かどうか内面まで判断するかの極意が多くの方の興味を惹いたからだろうと思っている。

スカウティングの方法論はプロ野球界を超えて、ビジネス社会でも人材を求め、育てるときに必要とされると改めて思い知らされた。

河西氏は昭和三十三年から、平成九年に引退するまで約四十年スカウト活動を続けた球史に残る人物である。河西氏本人も戦後すぐにグレートリング（現ソフトバンクホークス）に入団し、好守好打の選手として三年連続盗塁王（昭和二十三年の66盗塁は当時の日本記録）を獲得した名選手である。昭和二十一年の七月十五日には1試合6安打、6盗塁というとてつもない記録を残している。当時1試合6安打は史上初のプロ野球記録だった。

現役引退後は阪神でスカウト（後スカウト部長）を務め、手がけた選手には江夏豊や掛布雅之など錚々たる名前が並ぶ。あの浪花の春団治、川藤幸三も河西氏がスカウトした。昭和六十年の阪神の日本一のときの主力選手のほとんどを河西が手がけた。定年後近鉄バファローズに請われ移籍してからは、チーフスカウトとして金村義明、阿波野秀幸、野茂英雄、中村紀洋らをスカウトし、彼らは平成元年にリーグ優勝したときの中心になった。

これらの実績から「河西の行くところに優勝あり」と言われたが、これは優秀なスカウトがいかにチームを強くしていくかの証左である。

そして河西の交渉術である。ドラフト会議で指名されても頑なに入団拒否する選手を、どう口説き、相手のハートをわしづかみにして入団合意にこぎつけさせたか、そこはぜひ本書を読んで知っていただきたい。とくに近鉄時代は、当時は人気のないパ・リーグの球団という事情もあって、入団交渉には苦労もあった。そこをどうクリアしたのだろうか。

そして入った選手にはプロで生きてゆく秘伝もさずける。そうして大成したのが投手で入団した川藤幸三である。河西は入団させた選手を組織でどう活かせばいいのかにも心を砕いた。これらは企業でいう人事の仕事であるが、組織で有能な人物を採用し、またビジネスでいかに人を動かし交渉を成立させるか、またどこの部署でもそうだが、入社した人材をどう伸ばしてゆくか、そのキモを河西の手腕を知ることで、会得してゆくことができるだろう。

最近SNSをはじめ機械による情報化が著しい。人工知能もそのひとつで、人間の仕事のほとんどを奪ってゆくだろうと言われている。しかし機械が発達しても、人間には敵《かな》わない能力が存在する。それが「人を見抜き、口説き、活かす」という行為だ。その象徴がスカウトなのである。

確かに投手の球速はスピードガンで、野手の足の速さはストップウォッチで計測できる。だが球のキレ、ここ一番の勝負強さ、プロ向きの性格、スター性を感じさせるオーラ、相手投手を困らせるずるい走塁、わずかなスキを突いて次の塁へ行くセンス、これらは長年選手を見続け培われたスカウトの目によってしか判断できない。

高度にシステム化された社会で人材がいない、育たないとどの分野でも言われる。しかし人を見抜き、交渉し、育てる行為はシステムで数値化された中にはないことをスカウトの仕事から教えられる。そして私たちは人間の手仕事をもう一度信頼し、見直してもいい時期に来ているのではないかと考えている。その重要性を文庫化にあたり世に伝えたかった次第である。

今回もまた河西俊雄夫人のマサ様、長男の秀和様の一方ならぬご尽力をいただきました。心のこもった解説をいただいた岡崎武志様、文庫化にあたりご尽力いただいた集英社文庫編集部をはじめ多くの皆様に感謝の意を捧《ささ》げたく存じます。

平成三十一年二月　球春到来の季節に

澤宮　優

参考資料

『明治大学野球部史』1巻　明治大学野球部史編集委員会編　駿台倶楽部　昭和四十九年
『鶴岡一人の栄光と血涙のプロ野球史』鶴岡一人　恒文社　昭和五十二年
『プロ野球史再発掘①』関三穂編　ベースボール・マガジン社　昭和六十二年
『プロ野球二十五年』報知新聞社　昭和三十六年
『プロ野球人別帳―プロ野球を支えた個性派選手たち』千葉茂　恒文社　昭和五十九年
『新版　タイガースの生いたち　阪神球団史』松木謙治郎　恒文社　昭和五十七年
『阪神タイガース　昭和のあゆみ』阪神タイガース　平成三年
『牙―江夏豊とその時代』後藤正治　講談社　平成十四年
『私だけの勲章』後藤正治　岩波書店　平成八年
『感動の軌跡　大阪近鉄バファローズ創立50周年記念誌』大阪近鉄バファローズ　平成十二年
『プロ野球ドラフト史　1997年度版』ベースボール・マガジン社　平成九年
『近鉄バファローズの時代「悲劇の球団」に捧げる惜別のノンフィクション』大阪バファローズ研究会編　イースト・プレス　平成十六年

『奇跡、感動、涙……さらば大阪近鉄バファローズ　永久保存版』ベースボール・マガジン社　平成十六年
「盗塁王のスリルと盗塁王を狙う人々」『ベースボールニュース』昭和二十二年十一月一日号
「スカウト族の生態」大井広介『野球界』昭和三十一年九月号
「スカウト実力物語」『ベースボールマガジン』昭和三十一年九月号
「フランチャイズ特報　スカウトは誰を狙っているか」『野球界』昭和三十三年十月号
『ベースボールマガジン』昭和三十一年十二月二十日号
「遠井吾郎　静かな強打者」『ナンバー』平成三年七月五日号
「モットーに誠心誠意」『デイリースポーツ』昭和三十二年十一月十五日付
「スカウト・レースもトップ―虎の威力加えるタイガース」『新大阪新聞』昭和三十二年九月九日付
「阪神は今年も巨人に勝てない!?」『週刊ベースボール』昭和四十二年二月十三日号
『報知新聞』昭和四十二年九月六日、七日、二十二日、二十七日、二十九日付
「忘れられない〝口説きの名人〟河西俊雄さん」出崎敦史『なにわスポーツジャーナル』（ブログ）　平成十九年十二月二十九日
「ベテランスカウトの思い出」『別冊週刊ベースボール新年号』ベースボール・マガジン

社　平成六年一月十日
「野茂を見つけた男　河西俊雄―悪友・親友こう言う録」『報知新聞』平成元年十二月二十一日付
「元近鉄スカウト河西氏は感慨」堀まどか『日刊スポーツ』平成十七年十二月二十一日付
「〝早よ春がこんかな〟―変わらない、84歳・元近鉄スカウト河西俊雄」万代勉『デイリースポーツ』平成十六年一月二十八日付
「ドラフト成功の秘けつ・河西俊雄（近鉄チーフスカウト）」『毎日新聞』平成六年十一月十二日付
「プロ野球の名物スカウト、河西俊雄さん勇退　裏方に徹し40年」『毎日新聞』平成十年十一月十六日付
「スカウトの甲子園　近鉄スカウト・河西俊雄さん77」『読売新聞』平成九年八月十五日付
「ズバン豪速球（航跡　新世紀へ　朝日新聞創刊百二十周年）」『朝日新聞』平成十一年六月二十六日付
「ネット裏の狩人―プロ野球スカウトに学ぶ」林秀男『松蔭会会報』七十九号　平成四年十月

「誰がスカウト部長を〝殺したか〟」『週刊文春』平成十年十二月十日号　文藝春秋
「ABCスポーツスペシャル　ドラフトの星を追って　あるスカウトの決断」朝日放送、昭和五十九年放映
＊その他、各スポーツ紙、『神戸新聞』などを参考にしました。

解説

岡崎武志

私は大阪生まれで阪神タイガースびいきのアンチ巨人と、まことにわかりやすい野球ファンである。これは亡き父からの伝承で、よく連れられて甲子園球場へも通った。あの銀傘に響く歓声とホットドッグの匂いと軽快な野次は、今でも記憶に焼き付いている。私の知る黄金期は江夏豊と田淵幸一のバッテリー時代。一塁にほとんど動かない遠井吾郎がいて、打てばヒットの安打製造機の藤田平、のち若トラ掛布雅之が次の黄金期を担う。力投に縁遠い、ひょいと背中から腕を振って三振を取る山本和行の姿も懐かしい。関西人が大好きな代打の職人・川藤幸三も忘れてはならない。彼らが去ってから、私は阪神タイガースに興味を失っていく。

本書で知ったが、私の知る阪神タイガースの選手の多くをプロにしたのが、伝説のスカウト・河西俊雄（一九二〇～二〇〇七）だったのである。彼が自分の目で見て、獲得した選手が、阪神の黄金時代を作ったのだ。もし河西さんがいなければ、わが阪神はまったく違ったチームであった可能性が高い。遅ればせながら、ファンとして感謝を捧げたい。

　しかし、野球の栄光はもっぱら選手と監督の上に輝く。四〇〇勝の金田正一、八六八本の本塁打世界記録の王貞治、オールスター戦九連続三振奪取の江夏豊、二二一五試合連続出場の鉄人・衣笠祥雄、あるいはＶ９を築いた川上哲治、野村再生工場の野村克也、優勝請負人の星野仙一等々、数字やキャッチフレーズで人々の脳裏に刻まれている。スカウトという存在は知っていても、歴代の名人の名を挙げられる人は少ないだろう。スポーツ新聞の一面を飾ることも、ニュースに動画つきで姿を捕らえられることもない。完全な黒子的存在である。そこに陽を当てたのが澤宮優である。阪神、近鉄と陽のあたらない坂道を渡り歩いたスカウト人生だが、それを、きわめて魅力的に人間臭く描けるのは、この人しかいない。

「スッポンの河さん」「仏の河さん」とあだ名がつくこと自体、スカウトマンでは珍しいのだが、いっけん、両極のように見える「スッポン」と「仏」をグランドの左翼、右翼に見立てれば、その交わる線の要にあるホームベースに立つのが河西俊雄だった。いつもながらの綿密な資料収集と粘っこい取材を重ねて、澤宮は河西俊雄という知られざる伝説を語る。彼がスカウトという仕事で走り抜けたグランドは想像以上に広かった。

河西の六つ下、広島カープのスカウト・木庭教に言わせれば、「阪神が弱くなったのは河西さんがいなくなってから、近鉄が強くなったのは河西さんが移ってから」。スカウトという仕事がいかに重要な役目を担っているかが分かるだろう。『三塁ベースコーチが野球を変える』もそうだったが、澤宮ノンフィクションは、陰の領域に踏み込み、野球の隠れた魅力を教えてくれる。

ミスタースカウト河西俊雄は、兵庫県姫路市出身。幼い時から足が速く、ついたあだ名が「鉄砲玉」。旧制明石中学から明治大学に進学し、プロ野球より人気のあった時代の東京六大学野球のスター選手になった。やがて戦争が激しくなり、繰り上げ卒業した河西は戦地へ。南方へ向う船が敵の潜水艦に撃沈され、東シナ海を八時間漂流し、奇跡的に助かる。澤宮は、ここに名スカウト河西の原点を見る。つまり「僅かな可能性にも賭け、最後まで諦めないという、生死の境の絶望的な場面を生き延びた者だけが持つ、とてつもなく強く信じる力が、万人の気持ちを揺り動かしたのではなかろうか」と言うのだ。このあたり、巧いものだと著者の筆遣いに感心してしまう。澤宮が扱うのはスポーツだが、描くのは人なのだ。人の胸の内側に迫って心を描く。澤宮ノンフィクションが、苦闘や困難、挫折を取り上げて、後味の爽やかな理由はここにある。

選手として南海、阪神に所属し盗塁王に三度輝いた河西が、引退し、スカウト業に専念するのは昭和三十三年。酒が苦手で、口下手だったという河西の武器は「自分に誠実に、他人に誠実に」だったというが、まだドラフト制度が始まる前の自由競争で、有望選手は札束で引っぱたいてもぎ取っていた。スカウトは「人買い」と言われた時代に、これでは心もとない。それでも、のちのスター選手が次々と河西の門を潜って、プロとして活躍した。思えば、不思議な話なのである。河西のスカウト術を象徴するのは、私も好きだった阪神の遠井吾郎のケース。昭和三十二年に春の選抜で甲子園に出場し、準々決勝で王貞治のいる早稲田実業に敗れた。無安打だった。プロになってからも守備は下手で鈍足。とてもスカウトの目に止まるような選手ではない。

しかるに、河西は「シャープな打撃センス」を買った。その一点で遠井を買った。高校にまで足を運び、「ボールの捕まえ方の上手さに感心した」。現在は、インターネットが発達し、すべての選手情報が一瞬にして手に入り、投手の実力はスピードガンで数値化される。河西は違う。選手の見極めはいつも即決。第一印象が大事で、「高校に出かけても一投げ、一振りで選手の資質を判断した」という。決めたらブレない。「あかんもんはあかん。ええもんはええ」と極意はシンプルだ。会社でもそうであろう。長々と理屈をこね、あれこれ言訳をする者に仕事ができたためしがない。近鉄時代に中村紀洋を獲得した時もそうだった。平成二年に、渋谷高校で甲子園に出場した中村は二年生で投手もしながら四番。三年の時はエースとなったが、河西は「投手としては『カープピッチャーになって大成しない』」と判断し、バッティングに中村の将来を見た。その目に狂いのなかったことは、みなさんの記憶が証明している。

また、この本を読んで、読者の誰もが河西俊雄を好きになるのは、次のようなエピソードにある。これぞという選手を決め、獲得交渉にあたって実家へ通う時、河西は「母親のお尻」を見た。どういうことか。長いスカウト人生の体験から「男の子は母親の体型になってゆく」というのだ。二千本安打で名球会入り、というより二〇八打席連続無三振記録が光るミートの達人、阪神の藤田平も母親のお尻で入団の決まった一人。加えて、母親は監督や本人以上に、交渉における重要な存在と考えるのが河西スカウト術の第一ページだ。

ごまかしのない誠心誠意に、まず選手の母親が河西に惚れた。昭和五十六年、近鉄一位指名は報徳学園の金村義明。金村は「阪急以外に行かない」と明言していた。にもかかわらず、ドラフト会議で近鉄も一位指名をして、抽選で近鉄が交渉権を獲得したのである。志望とは違う近鉄への入団を決めたのも、母親が河西の人柄に惚れたからだ。「〝じつはお母ちゃんに惚れた〟ということで母親を口説き落としたみたいな感じです」とは、金村の証言である。コンピュータによる情報で人を判断する時代とは対極の、あまりに人間臭いエピソードにうれしくなる。ここには、切れば血の噴き出る人間がちゃんといる。

人間臭い、と言えばこんな話もある。河西は大のパチンコ好きで、自宅は甲子園球場近くにあったが、よく梅田まで出てパチンコをした。そのズボンに煙草のこげ跡があったという。「パチンコに熱中して、煙草の灰をズボンに落としてしまうからだ。それほど野球以外のことには無頓着だった」。本題とは関係ない、何気ないスケッチで、書き手によっては、執筆の段階で落とすかもしれない。それを澤宮は拾う。拾って大切に書きとめる。澤宮優は何一つ見逃さない。あるとないとでは大違いで、この時、河西は読者の隣りに座って、読者は触れた太ももの体温と、対象への著者の愛情を感じるのだ。

　本書は『ひとを見抜く』というタイトルで二〇一〇年に河出書房新社から刊行され、文庫化にあたって、現在を見据える第七章が新たに加えられた。情報過多となってスカウトの役割も変質し、資金力で名選手を横取りする巨人のやり方が本流となっている。それでも、広島東洋カープのように、生え抜きの選手を育て、一流揃《ぞろ》いのチーム作りをする球団もある。それは有望選手を発掘するスカウトの重要性をあらためて示す好例である。

　この第七章で澤宮は書く。「河西がした判断を人工知能はできるだろうか。（中略）機械では判断できず、人間の感性、眼力、経験値に培われた人を見抜く能力は機械では養成できない」。これは何も野球の世界だけではない。「多くの組織、ビジネスの世界でも原点に帰って、人が自分の目で判断することの大切さを知る時期に来ている。これはじつはもっとも難しい行為なのだ」。『スッポンの河さん』には、マニュアル尽くしのビジネス書などより、よほど肝に銘ずべき名言が多く、実地に役立つに違いない極意が書かれていることは、読者にはすでにお分かりのはずだ。

最後に余談を一つ。阪神ファンの父が亡くなり、仏壇に掛布雅之のサインボールが長らく置かれていた。本書にも何度か登場する、河西の後輩、渡辺省三から贈られたものだ。私の母親が戦時中に中国大陸へ渡り、朝鮮半島から命からがら帰国した際、ご近所として交流があり、ともに死地を切り抜けたのが渡辺氏であった。戦後、渡辺氏が阪神タイガースの投手として活躍し始め、「あれは、省ちゃんではないか」と母親が気づき、連絡を取ったことから、縁が復活した。ご本人とはとうとう会えなかったが、ご両親がわが家を訪ねられ、その際、私が掛布のファンと聞いて、わざわざサインボールを託されたのであった。父が生きていれば……と悔やしかった。思いがけず、渡辺省三の名に本書で再会し、ここに書き付けられたことも、あの世で父はきっと喜んでいるはずである。

（おかざき・たけし　ライター）

本文中に登場する選手や球団関係者などの名前、肩書などは単行本刊行当時のものです。

本書は、二〇一〇年八月、書き下ろし単行本として河出書房新社より刊行された『ひとを見抜く　伝説のスカウト河西俊雄の生涯』を文庫化にあたり、第七章「二十一世紀のプロ野球のスカウトは今」を加え、『スッポンの河さん　伝説のスカウト河西俊雄』と改題したものです。

[S] 集英社文庫

スッポンの河《かわ》さん　伝説《でんせつ》のスカウト河西俊雄《かわにしとしお》

2019年3月25日　第1刷　　定価はカバーに表示してあります。

著　者　澤宮《さわみや》　優《ゆう》

発行者　徳永　真

発行所　株式会社 集英社
東京都千代田区一ツ橋2-5-10　〒101-8050
電話　【編集部】03-3230-6095
【読者係】03-3230-6080
【販売部】03-3230-6393（書店専用）

印　刷　図書印刷株式会社

製　本　図書印刷株式会社

フォーマットデザイン　アリヤマデザインストア　　マークデザイン　居山浩二

ISBN978-4-08-745851-0 C0195